JN026001

高等学校国語

カリキュラム・マネジメントが機能する学習評価

「観点別学習状況の評価」を進めるために

髙木展郎　著

三省堂

装丁◇株式会社グローブグラフィック
DTP◇株式会社双文社印刷

はじめに

　高校生に、国語の授業は好きですか、と聞いたとき、なんと答えるでしょうか。

　学習指導要領の改訂を行うに当たり、「教育課程の実施状況調査」を文部科学省は行っています。この調査を平成11（1999）年告示の高等学校学習指導要領の改訂の折に行った時から、古典が苦手である生徒が約70％以上存在し、その傾向は今日まで続いているのです。

　高校生が古典を苦手とする理由は、どのようなことから生じるのでしょうか。

　高等学校の国語の時間で現代文（現代国語）と古文（古典）とを分けたのは、昭和35（1960）年に告示された学習指導要領からです。アジア太平洋戦争敗戦後、発足した新制高等学校における教科名は、「国語」でした。昭和35年に現代国語と古典に分かれたとき、現代国語の授業を担当することを回避し、古典の授業の担当を希望する国語の教師が多くいたと言われています。現代国語の授業をどのように行ったらよいのかが、浸透していない状況にあったと言われています。

　昭和53（1978）年の告示から必履修科目は、現代文と古文を分けずに「国語Ⅰ」となりました。平成11（1999）年の告示、平成21（2009）年の告示では、「国語総合」となっています。

　現状の国語の授業は、どうでしょうか。

　「国語総合」になっても、現代文と古典の担当者を分けて授業が行われてはいないでしょうか。現代文と古典とを分けて国語の授業が行われることにより、古典を苦手とする生徒を多く作っては、いないでしょうか。

　中学校と高等学校で国語の教師となられている方は、自身が生徒の時、どちらかというと国語が得意科目だった方が多いのではないでしょうか。国語に対しての造詣が深くなくては国語を教える教員免許状を取得することはできません。

　高等学校を卒業するためには、各学校が設定する教育課程において、卒業に必要な単位を修得しなければなりません。国語を得意としていない生徒もいます。単位を取得しなければならないので、やむなく国語の授業を受けている生徒がいるかもしれません。国語を不得意とする生徒にも、国語としての資質・能力（学力）を育成しなければなりません。

　国語を得意とする教師が、国語を得意としていない生徒の国語の資質・能力をいかに育成するかが、問われることになります。

　高等学校に入学した後、生徒は、古典の授業を受けます。中学校で学んだ古典の文章を再度学んだり、新たな古典の文章に出会ったりします。そこでは、文章を楽しく読んだり味わったりしたりすることよりも、一年生の早い時期に古典文法の助詞・助動詞の活用を暗記することを強要されてはいないでしょうか。古典文法の役割や重要性を知る

前に、暗記することが目的となってはいないでしょうか。

　古典は、待遇関係を把握することが難しい文章です。古典の授業では、尊敬語・謙譲語・丁寧語の関係を基に人と人との関係を把握し、文章の内容を理解することを求めます。古典文法を理解することにより、文章の理解が深まる。国語の教師は、その重要性について熟知しています。

　生徒は、高等学校に入学し、中学校よりも難しい古典の文章に出会います。古典の文章を理解することが難しいところにもって、なんで古典文法を暗記しなければならないのか、その意味も分からないままに、暗記を強いられてはいないでしょうか。

　生徒の多くが、古典文法を暗記させられることに抵抗感を持ち、それによって古典を嫌いになっているのではないでしょうか。近年、古典を学校で学ぶことに対しての必要性を認めない意見も SNS 等で出てきています。

　古典のみならず、国語において文法は重要です。テレビで、芸能人や俳優、歌手等のタレントが俳句を作る番組があります。選句と出演者の作品の添削を夏井いつきさんが行っています。添削によって、出演者の作品が見事な俳句に変わります。助詞を 1 字変えるだけで、素敵な俳句になることも多くあります。俳句の 17 音の中での助詞の重みを感じます。

　助詞や助動詞は、古典の文章を読む中で意味や使い分けを理解することで、文法としての役割を理解することが求められます。意味も分からず、ただ単に活用表を暗記することで、古典を生徒が嫌いになってはいないでしょうか。

　古典には、現代に繋がるものの見方や考え方、想いや感情・感覚が表現されています。人としての普遍が文章として表現されています。文化として文章を読むことにより、時代を超えた自然観、社会観、人間観を考え理解することが、高等学校の国語の古典の文章を読むことではないでしょうか。

　文章を読み、理解すること、表現することは、古典に限られたことではありません。高等学校国語において、学習指導要領の目標のはじめに「言葉による見方・考え方を働かせ」とあります。高等学校学習指導要領領（平成 30 年告示）解説国語編には「言葉による見方・考え方を働かせるとは、生徒が学習の中で、対象と言葉、言葉と言葉 との関係を、言葉の意味、働き、使い方等に着目して捉えたり問い直したりして、言葉への自覚を高めること」（p.22）としています。国語を学ぶとは、言葉を対象化して学ぶことであり、対象化して学ぶ過程そのものでもあり、それらを自覚して使えるようになることでもあると言えましょう。

　国語の授業という営みは、国語としての資質・能力を生徒に育成を図ることに焦点化されます。それは、学び手としての生徒が、言葉としての国語を対象化して意識することであり、国語の授業は、生徒にそこに出会わせ気付かせることではないでしょうか。

　国語の授業を通して国語が好きになる。国語の教師となった方々は、学校での国語の授業を通して国語を好きになった方が多いのではないでしょうか。今、学校で国語を学

んでいる生徒たちの中から、国語の教師にならないまでも、学校での国語の授業が楽しい、好きだ、と言ってくれる生徒たちが増えることを心より願っております。

　そのために、これからどのような授業を行えば良いかを、本書をお読みいただく先生方とともに考えるための提案をいたしました。

　国語の授業は、全ての教科の基盤にあると考えます。時代が大きく変わる転換期の今日、学校教育そのもののあり方も問われ始めています。COVID-19 の状況下において、学校は、これまでの状況と大きく変わらざるを得ない状況にあります。これまでの対面での教室の授業だけでなく、オンラインでの授業も行われる状況となっています。

　授業とは何か、と言う本質的な教育の問題に真摯に向き合わなければならない状況でもあります。

　このような状況の中で、新しい学習指導要領に基づく授業が、令和4（2022）年度から始まろうとしています。

　今回の学習指導要領改訂では、カリキュラム・マネジメントが重視されています。そこでは、各高等学校の学校目標を基にした生徒の実態に合わせたカリキュラム・マネジメントを基に、各教科等の授業を行うことが求められています。

　国語の授業においてもカリキュラム・マネジメントに基づいて、各学校の生徒の実態に即し、生徒一人一人に国語の資質・能力の育成を図ることが求められています。生徒自身が、国語の授業を通して、国語の資質・能力が身についたと実感できる授業を行うには、どのような授業を行えば良いのでしょうか。

　これまでの国語の授業の優れたものを継承しつつ、時代が求める、生徒の未来に生きる、国語の資質・能力の育成を図る授業の在り方が、問われています。

　国語の授業における教師の役割の転換を図ると共に、カリキュラム・マネジメントに基づいた国語の授業を通して、生徒一人一人に国語としての資質・能力をいかに育成するかについて、学習評価という視角から、国語の授業づくりの提案をいたしたく、本書を上梓いたしました。

　高等学校の国語の授業の意味と役割の再構築を図ることの一つの指針になれば、と考えております。

2021 年 11 月

髙木展郎

目　次

はじめに　3

第1章　教育状況の変化と学習指導要領改訂 ……………………………… 9

1　教育状況の変化　10
2　資質・能力観（学力観）の転換　11
3　「個別最適な学び」が求めるもの　13

第2章　高等学校国語改訂の意味 …………………………………………… 17

1　国語で求められる資質・能力　18
2　高等学校国語の改訂の意味　19
3　学習指導要領国語の内容構成　23
4　これからの時代に求められる国語の授業　27
　（1）国語の授業改善の考え方
　（2）国語の授業における「主体的・対話的で深い学び」

第3章　カリキュラム・マネジメントの必要性 …………………………… 31

1　カリキュラム・マネジメントとは　32
2　学校のグランドデザイン　34
3　国語のグランドデザイン　36
4　国語の年間指導計画　39
　（1）年間指導計画表
　（2）作成の手順
　　　①単元名
　　　②各領域の指導時数
　　　③単元の目標
　　　④単元の評価規準
　　　⑤評価方法
　　　⑥学習活動
　　　⑦教材名
　　　⑧言語活動

　　　⑨他教科等との関連

　5　国語の学習の記録（個表）　47

　6　国語の学習指導案　50

　　（1）　これからの学習指導案のあり方

　　（2）　学習指導案の内容と作成の手順

　　　①単元名

　　　②単元の目標

　　　③単元の評価規準

　　　　・単元の評価規準としての「知識・技能」

　　　　・単元の評価規準としての「思考・判断・表現」

　　　　・単元の評価規準としての「主体的に学習に取り組む態度」

　　　④単元の指導と評価の計画

　　　　・具体の評価規準と評価方法

　　　　・学習活動

　7　学びのプラン　60

　　（1）　学びのプランとは

　　（2）　学びのプランの内容

　　　①単元で身に付けたい資質・能力

　　　②評価の方法

　　　③学習の内容

第4章　国語の観点別学習状況の評価‥‥‥‥‥‥‥‥‥‥‥‥‥‥‥‥‥‥‥65

　1　集団に準拠した評価（相対評価）から、目標に準拠した評価（絶対評価）
　　への転換　66

　2　観点別学習状況の評価とは何か　67

　　（1）　国語の観点別学習状況の評価として取り上げる資質・能力

　　（2）　単元の目標

　　（3）　単元の評価規準

　　　①「知識・技能」の評価規準

　　　　❷「知識・技能」の評価規準の作り方

　　　　❸「知識・技能」の評価の考え方

　　　②「思考・判断・表現」の評価規準

　　　　❷「思考・判断・表現」の評価の作り方

　　　　❸「思考・判断・表現」の評価の考え方

　　　③「主体的に学習に取り組む態度」の評価規準

　　　　❷ 「主体的に学習に取り組む態度」の評価規準の作り方

　　　　❸ 「主体的に学習に取り組む態度」の評価の考え方

　3　指導と評価の一体化　80

　4　評価から評定へ　83

　　（1）目標に準拠した評価が求める資質・能力

　　（2）評価規準の設定

　　（3）観点別学習状況の評価以外の学習評価について

　　（4）評定

　　（5）評定の具体

　　【コラム】生徒を主語にした授業づくり　90

📖 **参考資料**　……………………………………………………………………　91

　1　国語の年間指導計画

　2　学習の記録（個表）

　3　学校のグランドデザイン

　4　国語のグランドデザイン

　5　国語のグランドデザインの評価

　6　学習指導案

　7　学びのプラン＜例1＞

　8　学びのプラン＜例2＞

　9　高等学校国語・内容の取扱い表

　10　高等学校国語　各科目の目標及び内容【観点別評価内容】

　11　「小学校、中学校、高等学校及び特別支援学校等における児童生徒の学習評価
　　　及び指導要録の改善等について（通知）」（平成31年3月29日）＜抜粋＞

　　■表などのデータの利活用の方法につきましては、91ページをご覧ください。

おわりに　110

第1章

教育状況の変化と
学習指導要領改訂

教育状況の変化

　近代日本の学校教育は、明治維新による明治 5（1872）年の学制の公布によって始まりました。この期の教育は、西欧列強の植民地主義の影響もあり、富国強兵制を確立すべく西欧の先進技術や諸制度を日本に移入する教育が主として行われていたと言えましょう。「畳の上に座って授業を受けるのではなく、椅子に座り机で授業を受ける」近代の学校づくりによって始められたことに象徴されます。そして、近代日本の学校教育の基盤が整備されました。

　明治期に始まった日本の近代化に向けての教育が大きく変わるのが、昭和 20（1945）年のアジア太平洋戦争の敗戦です。

　明治 5（1872）年から、昭和 20（1945）年まで、この間、73 年です。

　戦後教育は、昭和 24（1947）年の教育三法「日本国憲法」「教育基本法」「学校教育法」の制定によって始まりました。日本の戦後の高度経済成長は、上質で均質な労働者の育成を学校教育が担い支えてきたとも言えます。学校教育では、知識の習得量と再生の正確性を学力とし、それをペーパーテストによって測定を行い、集団の中での成績の序列化を図ることで、進路指導を行ってきています。この時期の学校教育では、「正解（知識）の暗記」が学力＝成績と考えられてきました。

　知識の習得量と再生の正確性を学力＝成績とした教育は、教育の対象とする内容が見えやすく、進路指導においても公平性を担保することを行いやすい制度でもありました。ペーパーテストにおいて 1 点でも多く点数を取ることにより、進路が決まりました。

　戦後の日本の教育は、戦後の日本経済を支え、日本をより豊かな国家として成長を図ることに大きく寄与しました。教育なくしては、日本の成長はなかったとも言えます。

　これまでの日本の学校教育制度は、戦後という時代の中で、優れた機能を果たしてしてきたとも言えます。

　今日、世界経済は大きく変化し、産業界においても創造的（Creative）な資質・能力が求められるようになってきました。その波は、学校教育にも関わってきました。

　2000 年代に入り、OECD の PISA（Programme for International Student Assessment）を起点として、日本のそれまでの「正解（知識）の暗記」の学力観からの転換を図るべく、大学入学者選抜のシステムの改善を図ろうとしてきました。しかし、高等学校の現状や社会的な現実の中で、なかなか改善が図られない状況もあります。

　令和 2（2020）年に入り、COVID-19（新型コロナウィルス）が世界的に流行し、日本でも学校教育に大きな影響を受けています。日本の学校教育は、明治の学制以降、教科書を主たる教材として、内容の理解と記載されている内容の習得を主に、授業が行われてきました。それは、特に、戦後の日本の高度経済成長に機能したとも言えましょう。しかし、今日、世界経済の中で、これまでの日本型の教育で機能してきたことが、機能

しなくなってきているのです。

　典型が学力観です。知識の習得や再生は、2000 年代からの IT（情報技術：Information Technology）の発達により人間が知識の習得や再生を行わなくても PC やスマートフォンによって簡単に行うことのできる時代となりました。「覚える」学力ではなく、「考える」学力が求められる時代になったのです。

　時代の変化の中で、日本のこれまでの学校教育では、時代にそぐわない面やこれからの時代に必要な学力観の転換を図らなくては、世界の中で立ち行かない状況も出現してきました。COVID-19 の影響により、これまでの学校教育で行ってきたことからだけでは立ち行かなくなった状況も生まれてきました。教育の再構築を行わないことには、これからの日本の未来を構築することができない行き詰まりも出現しています。

　GIGA（Global and Innovation Gateway for All）スクール構想は、その一つです。明治の学制以降、学校で学ぶことは教室で、椅子に座って机に向かい、授業を受けること、からの転換が図られる時代を迎えました。

　昭和 24（1947）年から、令和 2（2020）年まで、この間も、73 年です。

　教育が時代状況に合わせて、大きな転換を図らなくてはならなくなるのが、約 70 年スパンとも言えましょう。今、学校教育が大きく変わらなければ、日本の未来を創出することはできないと考えます。生徒達の未来は、教育によって創られるのです。

2　資質・能力観（学力観）の転換

　戦後日本の教育は、高度経済成長を支え、名目 GDP も 1970 年代後半から 2000 年代に入るまで、世界第 2 位となりました。高度経済成長期を支えたのは、戦後の日本の学校教育にあったとも言えます。

　高等学校への進学率は、昭和 49（1974）年に 90％を超えました。中学校を卒業した生徒の多くが、高等学校教育を受けることになったのです。ペーパーテストのスコアによる進学を中心とした学校教育は、高度経済成長期の日本の社会を支える要因ともなっていました。いわゆる「いい高等学校、いい大学への進学」を目指し、終身雇用制度の中での進学を支えることに、受験学力は大きく関わっていたのです。

　進学に関わる受験学力の育成が、学校教育の中心的な役割を担っていたのが、高度経済成長期でした。昭和 30 年代に学力偏差値が考案され、昭和 40 年代から高等学校受験で広く用いられるようになりました。学力偏差値は、学校間の違いがあっても数値による比較化・序列化を図ることができるため、全国的な規模で受験に用いられるようになったのです。以降、大学入試を頂点として。学力偏差値を用いた進路指導が日本全国で広く取り入れられることになりました。これにより、高等学校や大学が偏差値の数値によっ

て、序列化が図られたのです。

　高度経済成長期の日本の教育は、極論を言えば、進学のための教育であったとも言えましょう。学力は、知識の習得量と再生の正確性をペーパーテストによって測定をすることが主として行われました。学力＝成績は、数値によって序列化を図ることにありました。高度経済成長期の学力は、知識を覚え、正確に再生することが重視されていたのです。

　日本には、第一次的な資源は、あまりありません。アジア太平洋戦争敗戦後の日本が高度経済成長を果たせた一つの大きな要因は、技術力です。先進諸国が開発・発明した製品を、改良したりダウンサイズしたりして、よりよい製品とすることに日本の技術力は長けていました。その象徴が、例えば、トランジスタラジオ等の家電製品や自動車の生産です。

　日本では、昭和 63（1988）年には、半導体の生産が世界の 50％を占めていましたが、令和 3（2021）年の時点では、10％に減ってしまっているのです。戦後 70 年を経過する中で、世界の状況が大きく変わってきているのです。このことは、時代変化の象徴とも言えます。

　時代状況が変わる中で、学校教育に求めるものも変わりつつあります。

　戦後の日本の学校教育で学力とされてきたのは、知識の習得量とその再生の正確性であったことは、先にも述べました。2000 年代に入り、IT が充実し、ICT（情報通信技術：information and communication technology）や IOT（Internet of Things）が、さまざまに進化しています。

　高等学校教育においても、時代の中で新しい教育を取り入れようとしています。GIGA スクールや総合的な探究の時間等における*STEAM 教育を取り入れようとしていることにも、その変化が見て取れます。学校教育に求めるものが大きく転換しているのです。

　現行の学習指導要領（平成 21 年告示）や新学習指導要領（平成 30 年告示）では、学力という用語は、用いられていません。学力ではなく、資質・能力が用いられています。

　平成 30（2018）年告示の学習指導要領では、次ページの図 1 に示されている資質・能力の育成を求めています。

　学習指導要領が育成を目指す資質・能力は、「知識・技能」「思考力・判断力・表現力等」「学びに向かう力　人間性等」です。平成 30（2018）年告示の学習指導要領では、全ての教科で、図 1 に示された資質・能力を、各教科等の目標に沿って育成することを求めています。

＊ STEAM 教育：Science（科学）、Technology（技術）、Engineering（工学）、Mathematics（数学）を統合的に学習する「STEM 教育」に、加えて Arts（リベラル・アーツ）を統合する教育手法。

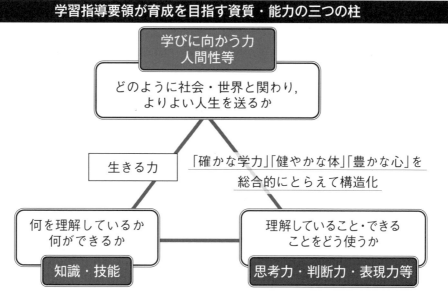

図1　＜出典＞中教審「平成28年答申」P441

 3 「個別最適な学び」が求めるもの

　中央教育審議会「「令和の日本型学校教育」の構築を目指して ～全ての子供たちの可能性を引き出す、個別最適な学びと、協働的な学びの実現～（答申）」（令和3年1月26日。以下、「令和3年答申」）では、これからの時代に求められる教育について、次のように示しています（p.3）。

　急激に変化する時代の中で、我が国の学校教育には、一人一人の児童生徒が、自分のよさや可能性を認識するとともに、あらゆる他者を価値のある存在として尊重し、多様な人々と協働しながら様々な社会的変化を乗り越え、豊かな人生を切り拓き、持続可能な社会の創り手となることができるよう、その資質・能力を育成することが求められている。

　また、これまでの日本の教育についても、次のようにまとめています（p.8）。

○　我が国の教師は、子供たちの主体的な学びや、学級やグループの中での協働的な学びを展開することによって、自立した個人の育成に尽力してきた。その一方で、我が国の経済発展を支えるために、「みんなと同じことができる」「言われたことを言われたとおりにできる」上質で均質な労働者の育成が高度経済成長期までの社会

の要請として学校教育に求められてきた中で、「正解（知識）の暗記」の比重が大きくなり、「自ら課題を見つけ、それを解決する力」を育成するため、他者と協働し、自ら考え抜く学びが十分なされていないのではないかという指摘もある。

　これまでにも日本の学校教育は、学習指導要領改訂によって教育内容の転換を図ろうとしてきています。高等学校の学習指導要領は、試案を含め、戦後から今日に至るまで、以下の10回の改訂を経てきています。

表1　高等学校学習指導要領の変遷

昭和22（1947）年【試案】	指導要録に基づき、小・中学校では、相対評価（昭和24年から）。高等学校は、絶対評価。
昭和26（1951）年【試案1次改訂】	
昭和31（1956）年【試案2次改訂】	
昭和35（1960）年【高等学校告示】	教育課程の基準の明確化、教育の科学化
昭和45（1970）年【高等学校告示】	教育内容の現代化、理数の重視 オイルショック（昭和48年）
昭和53（1978）年【高等学校告示】	ゆとりと充実、個別化・個性化 共通一次試験（昭和54年）
平成元（1989）年【高等学校告示】	大学入学者選抜大学入試センター試験（平成2年）
平成11（1999）年【高等学校告示】	［生きる力］の育成、教育内容の厳選 目標に準拠した評価（高等学校は、平成16年から）
平成21（2009）年【高等学校告示】	各教科等における言語活動の充実
平成30（2018）年【高等学校告示】	カリキュラム・マネジメント 大学入学者選抜に係る新たなルールの導入（令和2年） 　一般選抜／総合型選抜／学校推薦型選抜 　大学入学共通テスト

　これらの改訂は、試案の時期を除き、告示以降は約10年ごとに行われており、変化する時代状況の中で、高等学校教育の方向性を示されてきたと言えます。
　時代状況の変化の中で、今日の学校教育に対しての認識として、「個別最適な学び」と「協働的な学び」とが、令和3年答申で示されました。
　「個別最適な学び」とは、次のように定義されています（pp.17-18）。（太字は、引用者）

　○　全ての子供に基礎的・基本的な知識・技能を確実に習得させ、思考力・判断力・表現力等や、自ら学習を調整しながら粘り強く学習に取り組む態度等を育成するた

めには、教師が支援の必要な子供により重点的な指導を行うことなどで効果的な指導を実現することや、子供一人一人の特性や学習進度、学習到達度等に応じ、指導方法・教材や学習時間等の柔軟な提供・設定を行うことなどの**「指導の個別化」**が必要である。

○　基礎的・基本的な知識・技能等や、言語能力、情報活用能力、問題発見・解決能力等の学習の基盤となる資質・能力等を土台として、幼児期からの様々な場を通じての体験活動から得た子供の興味・関心・キャリア形成の方向性等に応じ、探究において課題の設定、情報の収集、整理・分析、まとめ・表現を行う等、教師が子供一人一人に応じた 学習活動や学習課題に取り組む機会を提供することで、子供自身が学習が最適となるよう調整する**「学習の個性化」**も必要である。

○　以上の「指導の個別化」と「学習の個性化」を教師視点から整理した概念が「個に応じた指導」であり、この「個に応じた指導」を学習者視点から整理した概念が**「個別最適な学び」**である。

　「学ぶ」と言うことは、最終的には、それが一人一人の学習者としての個に回帰しなくてはなりません。学校で学ぶことは、自己と他者との関係性の中に成立しています。ここで言う他者とは、他の人と言うだけではなく、例えば、本や身の回りのさまざまな対象や事象を含め、自己を相対化するためのさまざまな他者を指します。学校教育においては、一人一人の個としての学習者に、それぞれの個に応じた資質・能力の育成を図ることを目指しているのです。

　「個別最適な学び」は、それが独立してあるのではなく「協働的な学び」との関係性の中に成立します。それについて、次のように示されています（p.18）。

○　さらに、「個別最適な学び」が「孤立した学び」に陥らないよう、これまでも「日本型学校教育」において重視されてきた、探究的な学習や体験活動などを通じ、子供同士で、あるいは地域の方々をはじめ多様な他者と協働しながら、あらゆる他者を価値のある存在として尊重し、様々な社会的な変化を乗り越え、持続可能な社会の創り手となることができるよう、必要な資質・能力を育成する「協働的な学び」を充実することも重要である。

○　「協働的な学び」においては、集団の中で個が埋没してしまうことがないよう、「主体的・対話的で深い学び」の実現に向けた授業改善につなげ、子供一人一人のよい点や可能性を生かすことで、異なる考え方が組み合わさり、よりよい学びを生み出していくようにすることが大切である。「協働的な学び」において、同じ空間で時

　　間を共にすることで、お互いの感性や考え方等に触れ刺激し合うことの重要性について改めて認識する必要がある。

　高等学校の授業においても、「個別最適な学び」を行うと同時に、「協働的な学び」を行うことが求められます。

　これまで高等学校では、どちらかというと教師からの知識や技能を伝達する講義形式の授業形態が多く行われてきたのではないでしょうか。近年、アクティブ・ラーニングが言われ、授業形態も講義一辺倒からグループ学習を取り入れた授業も多く行われるようになってきました。

　学校教育で育成する学力（資質・能力）が、これまでの知識・技能といういわゆるコンテンツ・ベースのみではなく、思考力・判断力・表現力等のコンピテンシー・ベースの資質・能力の育成をともに育成することが、先の図1にあるように、求められる時代となってきました。授業形態の変化は、育成すべき資質・能力が、これまでとは異なるものであるが故に、授業そのものを再構築することが求められているためでもあります。

　生徒自らが学びを行う授業が成立する高等学校教育が求められるようになった今日、学校の主語を生徒に置いた教育が、求められるようになってきたのです。

　生徒を主語にした高等学校教育では、教育課程を生徒が決定することではありません。学校教育は、意図的・計画的なものであり、学校教育全体を俯瞰し、育成すべき資質・能力を見通せるのは、教師の役割です。そこに、カリキュラム・マネジメントが機能するのです。

　カリキュラム・マネジメントによって、各高等学校においては、「何を学ぶか」という教育課程を時代が求める内容として編成し、「どのように学ぶか」において「主体的・対話的で深い学び」の視点からの授業改善を図ることが求められています。この「何を学ぶか」と「どのように学ぶか」とを通して、「何ができるようになるか」が問われています。「何ができるようになるか」とは、「よりよい学校教育を通じてよりよい社会を創るという目標を共有し、社会と連携・協働しながら、未来の創り手となるために必要な資質・能力を育む」ことで、この資質・能力の育成を平成30（2018）年告示の学習指導要領では求めています。

第**2**章
高等学校国語改訂の意味

国語で求められる資質・能力

平成30（2018）年告示の高等学校国語では、教科目標を次のように示しています。

> 第1節 国語　第1款 目標
> 　言葉による見方・考え方を働かせ、言語活動を通して、国語で的確に理解し効果的に表現する資質・能力を次のとおり育成することを目指す。
> （1）生涯にわたる社会生活に必要な国語について、その特質を理解し適切に使うことができるようにする。
> （2）生涯にわたる社会生活における他者との関わりの中で伝え合う力を高め、思考力や想像力を伸ばす。
> （3）言葉のもつ価値への認識を深めるとともに、言語感覚を磨き、我が国の言語文化の担い手としての自覚をもち、生涯にわたり国語を尊重してその能力 の向上を図る態度を養う。

　平成30（2018）年告示では、平成21（2009）年告示には無かった、（1）として「知識及び技能」、（2）として「思考力、判断力、表現力等」、（3）として「学びに向かう力 人間性等」が示されています。この構造は、国語のみでなく、各教科等、さらに各科目において同様の示し方がされています。

　学習指導要領国語で、教材については、国語の各科目の「3 内容の取扱い」「（4）教材については、次の事項に留意するものとする。」として留意することについて示されていますが、具体的な教材は、示されていません。（選択科目は、（3）です。）

　各学校で国語の授業を行う際には、教科書を使用します。各学校においては、学習指導要領に準拠し、文部科学大臣の検定に合格した教科書を使用しなければならないとされています。教科書には、学習指導要領に示されている資質・能力の育成を図るべく、教材を通して国語の資質・能力の育成を図るための具体が示されています。

　「教科書で教える」と「教科書を教える」ということが言われます。「教科書で教える」では、教科書を用いて資質・能力を育成する意味になり、「教科書を教える」というと、教科書に掲載されている教材の内容を対象として授業を行う意味になることは、教育界では一般的に認知されています。

　国語の授業を通して、どのような資質・能力の育成が図られるのでしょうか。学習指導要領国語に示された各科目の資質・能力の育成を図ることが、授業には求められます。学校を卒業した後、国語の授業を通して育成された資質・能力は「このようなものが身についた」「こういった資質・能力が育成された」、と言える人はどの位いるでしょうか。

　国語の授業で学んだ教材名を言える人は多くいると思います。例えば、『羅生門』『舞姫』『こころ』、『水の東西』『ミロのヴィーナス』、『枕草子』『伊勢物語』『十八史略』等。しかし、教材を通して学んだ資質・能力について、授業を通してどのような資質・能力を身に付けることができたかを語れる人は、どのくらいいるでしょうか。

　国語の授業で資質・能力を育成するには、媒材としての教材を通して行われます。教材内容の理解や解釈が行われることは必然ですが、教材で学ぶことを通して育成される資質・能力に焦点を当てることを、今回改訂の学習指導要領国語では求めています。そのことは、これまでの日本の国語教育に培ってきた授業を否定するのではなく、学習指導の重点を、資質・能力の育成に置くことが求められます。

　これまで、国語の授業では、授業に用いた教材を対象とし、対象とする文章の内容の理解や解釈に重点が置かれていたのではないでしょうか。それ自体を否定するものではありません。例えば、文学作品を読むことは、その作品にしかない文章の内容や作品世界、作家について学ぶことになり、そこに国語を学ぶことの意味があります。

　文章の理解や解釈、表現をすることは国語として重要な学びです。今回の改訂では、さらに、国語としての資質・能力として、的確に理解し効果的に表現する資質・能力の育成を図ることが、国語の授業に求められているのです。

2　高等学校国語の改訂の意味

　高等学校学習指導要領「国語」は、昭和23（1948）年実施の「試案」以降、下記のような改訂を経て、平成30（2018）年告示の内容になりました。

昭和 23 年度実施（昭和 22 年試案）

教科　科目	単位数	必履修科目
国語	9	○
書道	2〜6	
漢文	2〜6	

昭和 26 年度実施（昭和 26 年試案 1 次改訂）

教科	科目	単位数	必履修科目
国語	国語（甲）	9	○
	国語（乙）	2〜6	
	漢文	2〜6	

昭和 31 年度実施（昭和 31 年試案 2 次改訂）

教科	科目	単位数	共通必履修科目
国語	国語（甲）	9 〜 10	○
	国語（乙）	2 〜 6	
	漢文	2 〜 6	

昭和 38 年度実施（昭和 35 年告示）

教科	科目	単位数	必履修科目
国語	現代国語	7	○
	古典　甲	2	うち 1 科目
	古典乙 I	5	
	古典乙 II	3	

昭和 48 年度実施（昭和 45 年告示）

教科	科目	単位数	必履修科目
国語	現代国語	7	○
	古典 I 甲	2	うち 1 科目
	古典 I 乙	5	
	古典　II	3	

昭和 57 年度実施（昭和 53 年告示）

教科	科目	単位数	必履修科目
国語	国語　I	4	○
	国語　II	4	
	国語表現	2	
	現代文	3	
	古　典	4	

平成 6 年度実施（平成元年告示）

教科	科目	単位数	必履修科目
国語	国語　Ⅰ	4	○
	国語　Ⅱ	4	
	国語表現	2	
	現代文	4	
	現代語	2	
	古典　Ⅰ	3	
	古典　Ⅱ	3	
	古典講読	2	

平成 15 年度実施（平成 11 年告示）

教科	科目	単位数	必履修科目
国語	国語表現Ⅰ	2	うち1科目
	国語表現Ⅱ	2	
	国語総合	4	
	現代文	4	
	古　典	4	
	古典講読	2	

平成 25 年度実施（平成 21 年告示）

教科	科目	単位数	必履修科目
国語	国語総合	4	○2単位まで減可
	国語表現	3	
	現代文 A	2	
	現代文 B	4	
	古典 A	2	
	古典 B	4	

令和 4 年度実施（平成 30 年告示）

教科	科目	単位数	共通必履修科目
国語	現代の国語	2	○
	言語文化	2	○
	論理国語	4	
	文学国語	4	
	国語表現	4	
	古典探究	4	

　学習指導要領国語では、時代状況の変化の中で、それぞれの時代が求める学力（資質・能力）の育成を図るべく科目構成が考えられてきました。それは、これまでの内容が悪いから変遷してきたのではなく、時代の中で学力（資質・能力）として求められるものが変化しており、その学力（資質・能力）の育成のために、変化を遂げてきていると言えましょう。

　教育は、基本的には文化の継承と伝承の中に存在します。したがって、これまで行ってきた教育内容を否定して新たな教育を構築することには、無理が生じます。「改善」ということばがあります。教育は、前時代の教育を継承しつつ、時代が求める学力（資質・能力）の育成を図らなくては、教育の停滞につながります。時代の中で時代が求める資質・能力の育成を図っていかなければならないと考えます。今回の学習指導要領改訂も、この文脈の中に位置付けられるのです。

　今回の学習指導要領改訂の高等学校国語の課題は、中央教育審議会「幼稚園、小学校、中学校、高等学校及び特別支援学校の学習指導要領等の改善及び必要な方策等について（答申）」（平成28年12月、以下、「平成28年答申」）で、以下のように指摘されています（p.127）。

- 高等学校の国語教育においては、教材の読み取りが指導の中心になることが多く、国語による主体的な表現等が重視された授業が十分行われていないこと、話合いや論述などの「話すこと・聞くこと」、「書くこと」の領域の学習が十分に行われていないこと。
- 古典の学習について、日本人として大切にしてきた言語文化を積極的に享受して社会や自分との関わりの中でそれらを生かしていくという観点が弱く、学習意欲が高まらないことなどが課題として指摘されている。

　この指摘を受け、高等学校国語の課題解決に向けて、今回の学習指導要領改訂が行われています。

学習指導要領国語の内容構成

　今回の学習指導要領国語の改訂で大きく変わったのは、これまで活動領域「話すこと・聞くこと」「書くこと」「読むこと」で構成されていた「内容」が、資質・能力としての「内容」として〔知識及び技能〕〔思考力、判断力、表現力等〕が示されたことです。国語のどの科目においても、高等学校学習指導要領としての基本構成を各教科等の「1目標」を同じくし、「2内容」に示す指導「事項」も原則として〔知識及び技能〕〔思考力、判断力、表現力等〕というように同じ示し方としています。学力の三つの要素として示された学校教育法第30条第2項（pp.43-44参照）に沿った内容との整合性を図るためでもあります。

　下記の表2には、平成21（2009）年告示と平成30（2018）年告示との「内容」の違いを示してあります。

表2

（「国語総合」）　　　　　　　　　　　　　　　（「現代の国語」）

平成21年告示学習指導要領	平成30年告示学習指導要領
3　内容 A 話すこと・聞くこと 　(1) 指導事項 　(2) 言語活動例 B 書くこと 　(1) 指導事項 　(2) 言語活動例 C 読むこと 　(1) 指導事項 　(2) 言語活動例 〔伝統的な言語文化と国語の特質に関する事項〕 　(1) ア 伝統的な言語文化に関する事項 　イ 言葉の特徴やきまりに関する事項 　ウ 漢字に関する事項	2　内容 〔知識及び技能〕 　(1) 言葉の特徴や使い方に関する事項 　(2) 情報の扱い方に関する事項 　(3) 我が国の言語文化に関する事項 〔思考力、判断力、表現力等〕 A 話すこと・聞くこと 　(1) 指導事項 　(2) 言語活動例 B 書くこと 　(1) 指導事項 　(2) 言語活動例 C 読むこと 　(1) 指導事項 　(2) 言語活動例

・〔知識及び技能〕の事項は、〔思考力、判断力、表現力等〕の事項を通して指導することを基本とする
・〔思考力、判断力、表現力等〕の (1) に示す事項については、例えば、次のような言語活動を通して指導するものとする

　平成 28 年答申において「高等学校の国語教育においては、教材の読み取りが指導の中心になることが多く」と指摘されています。「話すこと・聞くこと」や「書くこと」の領域の指導があまり行われていない状況も認められます。国語の資質・能力は、「読むこと」だけではありません。「話すこと・聞くこと」や「書くこと」の資質・能力の育成を図ることも重要です。

　下記の表 3 の各科目の領域ごとの授業時数を確保することにより、「読むこと」とのバランスを取りながら、各科目で目標とする資質・能力の育成を図ることが求められます。

表 3
各科目の「内容の取り扱い」に示された各領域における授業時数

科目	〔思考力、判断力、表現力等〕		
	話すこと・聞くこと	書くこと	読むこと
現代の国語	20 ～ 30 単位時間程度	30 ～ 40 単位時間程度	10 ～ 20 単位時間程度
言語文化		5 ～ 10 単位時間程度	【古典】 40 ～ 45 単位時間　程度 【近代以降の文章】 20 単位時間程度
論理国語		50 ～ 60 単位時間程度	80 ～ 90 単位時間程度
文学国語		30 ～ 40 単位時間程度	100 ～ 110 単位時間程度
国語表現	40 ～ 50 単位時間程度	90 ～ 100 単位時間程度	
古典探究			※

（※「古典探究」については、1 領域のため、授業時数を示していない。）

　平成30（2018）年告示の国語では、これまでの国語の科目構成が変わりました。各科目における教材の取り扱う対象は、下記の表4に示されたものです。

表4　各科目の「内容の取り扱い」に示された各領域における教材の取り扱い（抜粋）

現代の国語	【読むこと】 ○現代の社会生活に必要とされる論理的な文章及び実用的な文章
言語文化	【読むこと】 ○古典及び近代以降の文章とし、日本漢文、近代以降の文語文や漢詩文などを含める ○我が国の言語文化への理解を深める学習に資するよう、我が国の伝統と文化や古典に関連する近代以降の文章を取り上げる ○必要に応じて、伝承や伝統芸能などに関する音声や画像の資料を用いることができる
論理国語	【読むこと】 ○近代以降の論理的な文章及び現代の社会生活に必要とされる実用的な文章 ○必要に応じて、翻訳の文章や古典における論理的な文章などを用いることができる
文学国語	【読むこと】 ○近代以降の文学的な文章 ○必要に応じて、翻訳の文章、古典における文学的な文章、近代以降の文語文、演劇や映画の作品及び文学などについての評論文などを用いることができる
国語表現	【話すこと・聞くこと】 ○必要に応じて、音声や画像の資料などを用いることができる
古典探究	【読むこと】 ○古典としての古文及び漢文とし、日本漢文を含める ○論理的に考える力を伸ばすよう、古典における論理的な文章を取り上げる ○必要に応じて、近代以降の文語文や漢詩文、古典についての評論文などを用いることができる

　上記に示されている国語の各領域における教材は、これまでも用いられてきた教材内容を継承しつつ、これからの時代に求められる国語の資質・能力の育成を行うための教材の内容として求められるものです。
　今回の学習指導要領改訂では、共通必履修科目の「現代の国語」と「言語文化」の「読むこと」において、平成21（2009）年告示の必履修科目の「国語総合」とは、上記の表4でも認められるように、科目の構成が大きく変わりました。

　共通必履修科目の内容の構成と授業時数の指定は、これまでの高等学校国語の課題として、本書 p.22 の平成 28 年答申（p.127）でも指摘しているように、「教材の読み取り」が授業の中心となっている国語の授業のパラダイム・シフトを求めているからです。

　にもかかわらず、令和 4（2022）年度から実施される高等学校国語の共通必履修科目の「現代の国語」において、『羅生門』や『夢十夜』や『城之崎にて』等の文学作品を読み、「各自の考えを文章にまとめて発表する」という言語活動を、「書くこと」の指導とする事例が出現しています。

　言語活動は、学習指導要領国語の目標や、各科目の目標に示されているように、言語活動を通して国語としての資質・能力を育成するためのものであり、言語活動を行うこと自体が目的ではありません。「現代の国語」では、表 3（p.24）で示されているように「書くこと」に指導の重点が置かれています。授業時数として「話すこと・聞くこと」「書くこと」「読むこと」それぞれの単位時間が示されているのは、それぞれの領域の資質・能力の育成のために必要とされる時間数が示されており、各領域の指導時間数は、適切に行われなければ、各領域の資質・能力の育成を図ることができなくなります。

　文学作品の読みを通して考えをまとめることを「書くこと」としていることは、「教材の読み取り」であり、今回の学習指導要領改訂で求めている国語としての資質・能力の育成からは、乖離した国語の授業であると言わざるを得ません。これまでの「教材の読み取り」を中心とした国語の授業から転換し、「話すこと・聞くこと」「書くこと」を含めた国語としての資質・能力の育成を生徒に図ることが、今日、求められているのです。

　学習指導要領はあくまでも、生徒たちと先生方のためのものであり、授業づくりの基盤に学習指導要領の内容を定位することが重要となります。教科書は、教科用図書として重要ですが、授業を行うための材料や資料ともいえましょう。先生方には、これからの時代に生きる生徒に、これからの時代に生きて働く資質・能力の育成を図ることが求められています。学習指導要領には、その資質・能力が、「2 内容」の「事項」として、各科目と領域として示されており、それを基に授業づくりをすることが重要となります。

　小・中学校では、GIGA スクール構想の下、筆が鉛筆に変わったように、鉛筆が PC に変わろうとしています。これまでの学校における授業の在り方そのものが大きくパラダイムシフトしようとしています。学校で育成すべき資質・能力も、大きく変わろうとしているのです。時代の変化の中で、学校教育も転換したり再構築を求められたりする時代となっています。教育の用具の変化だけではなく、さまざまな変化によって教育の目的や教育の内容も変化しつつあります。

　高等学校の国語の授業も、これまでの国語の授業を継承しつつ、時代が求める資質・能力の育成を図ることが、今、求められているのです。

これからの時代に求められる国語の授業

⑴ 国語の授業改善の考え方

　国語の授業は、学校教育の中核にあると言えましょう。各教科においても、教科書や資料等に書かれている言葉を対象として用いて授業が行われています。

　平成30（2018）年告示の学習指導要領の改訂の方向性は、下記の図2に示されています。

学習指導要領改訂の方向性

新しい時代に必要となる資質・能力の育成と、学習評価の充実

学びに人生や社会に生かそうとする
学びに向かう力・人間性の涵養

活きて働く知識・技能の習得

未知の状況にも対応できる
思考力・判断力・表現力等の育成

何ができるようになるか

よりよい学校教育を通じてよりよい社会を創るという目標を共有し、
社会と連携・協働しながら、未来の創り手となるために必要な資質・能力を育む
「社会に開かれた教育課程」の実現

各学校における**「カリキュラム・マネジメント」**の実現

何を学ぶか

新しい時代に必要となる資質・能力を
踏まえた教科・科目等の新設や
目標・内容の見直し

小学校の外国語教育の教科化、高校の新科目「公共」の
新設など
各教科等で育む資質・能力を明確化し、目標や内容を
構造的に示す
学習内容の削減は行わない

どのように学ぶか

「主体的・対話的で深い学び」
（アクティブ・ラーニング）の視点からの
学習過程の改善

生きて働く知識・技能の習得
など、新しい時代に求められ
る資質・能力を育成
知識の量を削減せず、質の高
い理解を図るための学習過程
の質的改善

主体的な学び
対話的な学び
深い学び

※高校教育については、些末な事実的知識の暗記が大学入学者選抜で問われ
ることが課題になっており、そうした点を克服するため、重要用語の整理等
を含めた高大接続改革等を進める。

図2　＜出典＞中教審「平成28年答申」P441

　「何を学ぶか」は、学習指導要領に示されている内容です。小学校と中学校では、学習指導要領によって日本中どこに行ってもほぼ同じ内容の教育課程を行うことにより、教育の機会均等が保証されています。高等学校は、それぞれの学校の設置の趣旨や実態に合わせて、各学校で学習指導要領を基にして、教育課程の編成をすることが求められています。

　「どのように学ぶか」では、学校や生徒の実態を基に、「学び方」を生徒が身に付けることを求めています。「学び方を学ぶ」（Learn how to learn ／ Learnning to learn）ことにより、学校だけでなく、学校を離れても学び続ける資質・能力の育成を図ることも求められています。

　高等学校においても、一時、アクティブ・ラーニングが多く取り入れられました。ただ、象徴的な表現として「アクティブ・ラーニング型」の授業と「型」が言われることもあり、能動的（Active）な学びとしてのものではなく単なるグループ学習をすることを、アクティブ・ラーニングとしている形骸化した授業も出現したこともありました。アクティブ・ラーニングの考え方は、授業過程の改善の視点として重要で、育成すべき資質・能力の内容に合わせて授業改善を図る視点として実効性が求められます。

(2) 国語の授業における「主体的・対話的で深い学び」

　授業改善の視点として「主体的・対話的で深い学び」があります。平成28（2016）年答申では、「主体的・対話的で深い学び」の考え方を、次のように示しています（p.26）。

　○　子供たちが、学習内容を人生や社会の在り方と結び付けて深く理解し、これからの時代に求められる資質・能力を身に付け、生涯にわたって能動的に学び続けたりすることができるようにするため、子供たちが「どのように学ぶか」という学びの質を重視した改善を図っていくことである。

　○　学びの質を高めていくためには、「主体的・対話的で深い学び」の実現に向けて、日々の授業を改善していくための視点を共有し、授業改善に向けた取組を活性化していくことが重要である。

　高等学校における主体的・対話的で深い学びの実現に向けた授業改善は、平成30（2018）年告示高等学校学習指導要領に、次のように示されています（p.17）。

第3款 教育課程の実施と学習評価
1　主体的・対話的で深い学びの実現に向けた授業改善
各教科・科目等の指導に当たっては、次の事項に配慮するものとする。
（1）　第1款の3の（1）から（3）までに示すことが偏りなく実現されるよう、単元や題材など内容や時間のまとまりを見通しながら、生徒の主体的・対話的で 深い学びの実現に向けた授業改善を行うこと。
　　特に、各教科・科目等において身に付けた知識及び技能を活用したり、思考力、判断力、表現力等や学びに向かう力、人間性等を発揮させたりして、学習の対象となる物事を捉え思考することにより、各教科・科目等の特質に応じた物事を捉える

視点や考え方（以下「*見方・考え方」という。）が鍛えられていくことに留意し、生徒が各教科・科目等の特質に応じた見方・考え方を働かせながら、知識を相互に関連付けてより深く理解したり、情報を精査して考えを形成したり、問題を見いだして解決策を考えたり、思いや考え を基に創造したりすることに向かう過程を重視した学習の充実を図ること。

(2)　第2款の2の（1）に示す言語能力の育成を図るため、各学校において必要な言語環境を整えるとともに、国語科を要としつつ各教科・科目等の特質に応じて、生徒の言語活動を充実すること。あわせて、(6) に示すとおり読書活動を充実すること。

「主体的・対話的で深い学び」の実現に向けて、高等学校学習指導要領解説・総則編には、次のように示されています（p.118）。

　　主体的・対話的で深い学びは、必ずしも1単位時間の授業の中で全てが実現されるものではなく、単元や題材など内容や時間のまとまりを見通して、例えば、主体的に学習に取り組めるよう学習の見通しを立てたり学習したことを振り返ったりして自身の学びや変容を自覚できる場面をどこに設定するか、対話によって自分の考えなどを広げたり深めたりする場面をどこに設定するか、学びの深まりをつくりだすために、生徒が考える場面と教師が教える場面をどのように組み立てるか、といった観点で授業改善を進めることが重要となる。すなわち、主体的・対話的で深い学びの実現に向けた授業改善を考えることは単元や題材など内容や時間のまとまりをどのように構成するかというデザインを考えることに他ならない。

平成30（2018）年告示では、これまでの教育課程としての学習指導要領に、カリキュラム・マネジメントとして高等学校教育全体を通して「何ができるようになるか」の育成すべき資質・能力を明らかにし、その実現のために「何を学ぶか」「どのように学ぶか」という具体が示されています。

国語の授業改善は、「何を学ぶか」を示している学習指導要領国語の「2内容」に示されている資質・能力の育成を、「どのように学ぶか」における「主体的・対話的で深い学び」を通して、生徒に国語の資質・能力の育成を図る学び方を学ばせることにより、「何ができるようになるか」という国語の資質・能力の育成を具体的に図ることが求められています。

学校の授業では、学習主体である一人一人の生徒が、教室の中で他者と関わることに

---

*見方・考え方：（国語科）　言葉による見方・考え方を働かせるとは、生徒が学習の中で、対象と言葉、言葉と言葉との関係を、言葉の意味、働き、使い方等に着目して捉えたり問い直したりして、言葉への自覚を高めること（学習指導要領解説国語編 p.23）

より、より学びが広がったり高まったり深まったりすることを学校での学びは目指しています。「個別最適な学び」と「協働的な学び」とが機能する場でもあります。国語の授業においては、この双方の学びが重要です。

　言語は、コミュニケーションを行う中核です。国語の授業では、コミュニケーションそのものを対象化すると同時に、その機能や役割を対象化し自覚化することも重要となります。

　国語の学びを行うには、学び手一人一人が主体として学びに取り組むことが求められます。主体としての学びがあればこそ、教室に存在する他者（級友、先生、教材等）と関わることにより、コミュニケーションが生まれ、それによって自分自身を相対化したり対象化したりすることができます。自分自身を相対化したり対象化したりすることは、それまでの自分だけではなく、学びを通した新たな自分に気付くことでもあります。そこに、深い学びが成立します。

　「主体的・対話的で深い学び」とは、上記の一連の学びの過程を対象としているのです。主体的な学びと対話的な学びは、同格の学びでもあります。どちらかの学びが先にあったり、どちらかを重点的に行ったり、ということではありません。深い学びは、主体的な学びと対話的な学びのどちらかを学ぶのではなく、双方の学びを受けて、成立します。

　国語の授業では、こうしなくてはならないというような順序性はありませんが、まず、主体として言語を対象化し（教材を基に「話すこと・聞くこと」「書くこと」「読むこと」）、自己の形成を図った上で、他者との対話を行うことが求められます。

　学びの主体として一人で学んで、「どこが分かったか」、「どこが分からないか」を自分自身で明らかにすることが重要となります。学校は、それまでに分からないことを分かるようにする場であり、知らないことを知る場でもあります。分からないことや知らないことを自覚することが、学ぶことの第一歩となります。

　分からないことや知らないことは、他者を通して学ぶことになります。そこで対話が重要となります。国語では、この対話は、自分自身の内省や自省としての自己との対話を含め、他者との対話、教材・作品との対話、作者との対話として行われます。そのことを通して、自己相対化を図ることになります。

　対話を通し内省や自省し自己相対化を図り、それまでの自分をさらに広げたり高めたり深めたりすることで、深い学びを行うことになります。深い学びが成立することにより、自分自身の考えの形成過程をメタ認知することのできる探究的な学びに繋がります。

　なお、国語における探究的な学びは、「話すこと・聞くこと」「書くこと」「読むこと」の領域において、自分の考えを形成する学習過程を重視することによって行われます。そのため「考えの形成」に関する指導「事項」が、学習指導要領国語に位置付けられています。さらに、「考えの形成」のうち、探究的な学びの要素を含む指導「事項」は、国語の全ての選択科目にも位置付けられています。

第**3**章
カリキュラム・マネジメントの必要性

1　カリキュラム・マネジメントとは

　高等学校学習要領「第1章 総則」「第1款 高等学校教育の基本と教育課程の役割」に、カリキュラム・マネジメントは、以下のように定義されています（p.4）。

　5　各学校においては、生徒や学校、地域の実態を適切に把握し、教育の目的や目標
　　の実現に必要な教育の内容等を教科等横断的な視点で組み立てていくこと、教育課
　　程の実施状況を評価してその改善を図っていくこと、教育課程の実施に必要な人的
　　又は物的な体制を確保するとともにその改善を図っていくことなどを通して、教育
　　課程に基づき組織的かつ計画的に各学校の教育活動の質の向上を図っていくこと
　　（以下「カリキュラム・マネジメント」という。）に努めるものとする。

　カリキュラム・マネジメントの枠組みは、高等学校学習指導要領解説総則編に、以下の6点が示されています（p.2）。

　①「何ができるようになるか」（育成を目指す資質・能力）
　②「何を学ぶか」（教科等を学ぶ意義と、教科等間・学校段階間のつながりを踏まえ
　　た教育課程の編成）
　③「どのように学ぶか」（各教科等の指導計画の作成と実施、学習・指導の改善・充実）
　④「子供一人一人の発達をどのように支援するか」（子供の発達を踏まえた指導）
　⑤「何が身に付いたか」（学習評価の充実）
　⑥「実施するために何が必要か」（学習指導要領等の理念を実現するために必要な方
　　策）

　上記の内容が平成28年答申に、右ページ（上）の図3として示されています。（p.442）。

　また、カリキュラム・マネジメントとして必要な項目と構成要素をまとめると、右ページ（下）の図4の内容となります。
　この図に示された項目は、各学校でそれぞれ学校の実態に即して作成することが求められます。

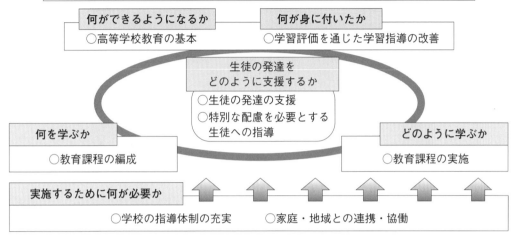

図3　平成28年答申　P442

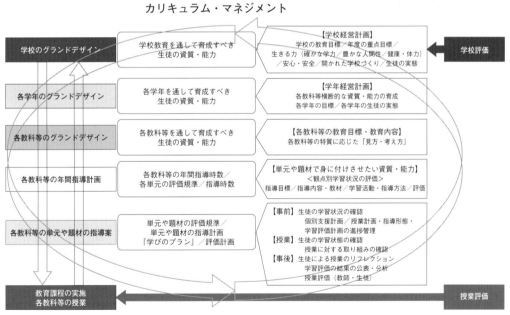

図4　ⓒ髙木展郎

2 学校のグランドデザイン

　右ページに掲げた「学校のグランドデザイン」（図6）は、「学校目標」、「生きる力」としての「確かな学力、豊かな人間性、健康・体力」と、「安心・安全を守る」、「開かれた学校づくり」を一覧としてまとめたものです。この「学校のグランドデザイン」を自校の教職員全員で作成することが重要です。

　「学校のグランドデザイン」は、次の手順で作成をします。
①学校要覧や学校経営計画を参考に、上記のA4の用紙に、一人一人の教員がそれぞれ「学校のグランドデザイン」を考えて記入し、作成をする。
②1年生から3年生までの所属学年を縦割りにしてグループを作り、個人で作成した「学校のグランドデザイン」を、グループでまとめ直す。
③グループでまとめた複数の「学校のグランドデザイン」を、学校運営委員会（副校長・教頭・教務主任・学年主任等）で、一つにまとめる。
④学校運営委員会がまとめた「学校のグランドデザイン」を、学校長が修正し、学校のグランドデザインとして確定する。

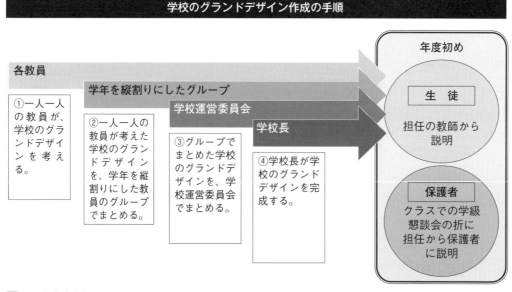

図5　© 髙木展郎

【学校のグランドデザイン】

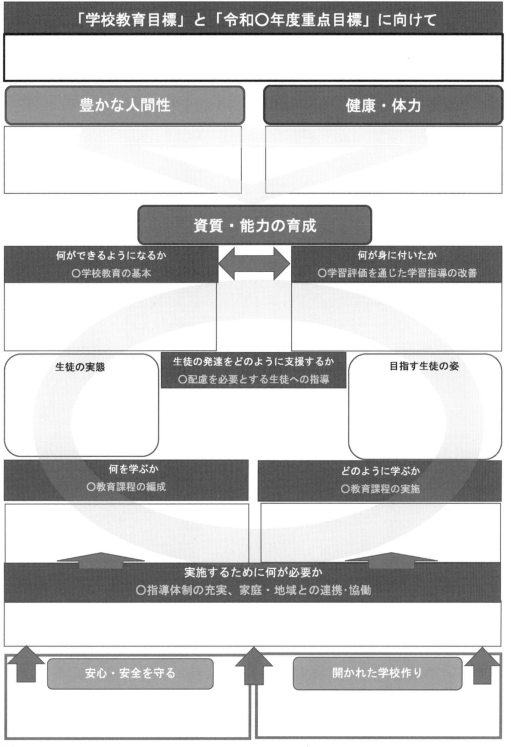

図6　© 髙木展郎

3 国語のグランドデザイン

　「学習指導要領総則の構造とカリキュラム・マネジメントのイメージ」（図3、p.33）と、「学校のグランドデザイン」との関係は、次の図7になります。

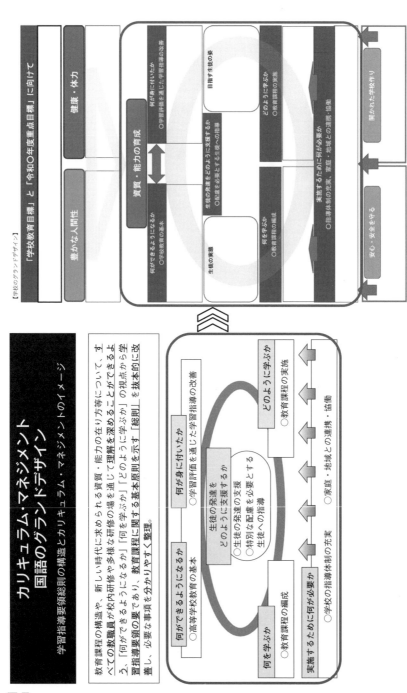

図7

　「国語のグランドデザイン」は、「学校のグランドデザイン」の「資質・能力の育成」（「生きる力」の要素の「確かな学力」）の箇所を取り出したものです。

　「国語のグランドデザイン」は、国語の各科目で育成すべき資質・能力を年度の初めに国語科の全教員の合意形成の下に作成をします。授業担当者が個人で作成するのではなく、国語科として、自校の生徒の実態に合わせて、学校として作成をします。

　「国語のグランドデザイン」は、学校のグランドデザインで示している資質・能力の育成を目指す「確かな学力」の箇所を取り出したものです。以下の図8がそれに当たります。

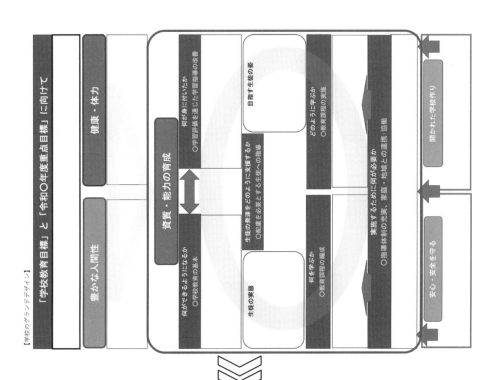

図8

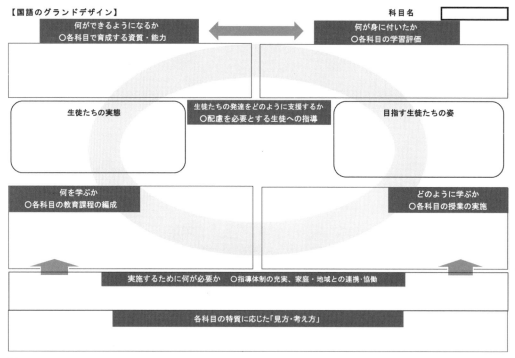

図 9

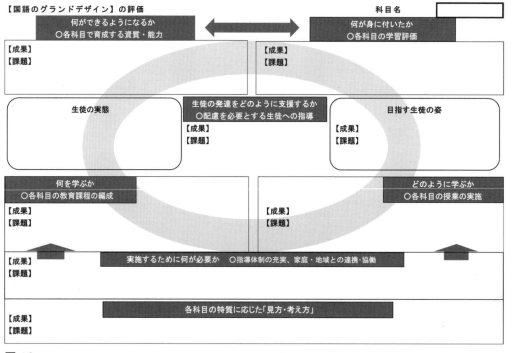

図 10

　「国語のグランドデザイン」（図9）を、国語科の教員全員で、1年生から3年生までの、それぞれの学年の国語科で育成すべき資質・能力を見通しながら作成します。1年間の国語科で育成すべき資質・能力を、学校として意思の統一を図るために作成します。

　当該年度の国語の授業は、この「国語のグランドデザイン」を基に、年間指導計画や単元指導計画を作成します。

　年度の終わりには、その年度の授業を振り返り、4月当初に作成した「国語のグランドデザイン」（図9）で計画した資質・能力が一年間の授業を通して育成することができたかを振り返り、成果と課題とをまとめ、次年度の授業に向けての資料とします。

　4月当初に作成した「国語のグランドデザイン」（図9）と、年度末の3月に作成した「国語のグランドデザインの評価」（図10）とを比較・検討し、次年度に生かすようにします。さらに、当該学年の「国語のグランドデザイン」（図9）と「国語のグランドデザインの評価」（図10）は、3年間を蓄積することで、当該学年としての学習の過程と成果の評価材料としても用いることができます。

　「国語のグランドデザイン」と「国語のグランドデザインの評価」とを作成することにより、国語科としての授業をPDCAサイクルの中で、国語の授業評価を行うことになります。

4　国語の年間指導計画

(1) 年間指導計画表

　年間指導計画は、教育課程の編成表の内容になります。単元の目標・評価規準・評価方法・学習活動・言語活動例・教科横断的な学習内容等を一覧表にします。（図11）

　国語の年間指導計画は、共通必履修科目としての「現代の国語」「言語文化」（各2単位）、選択科目としての「論理国語」「文学国語」「国語表現」「古典探究」（各4単位）、それぞれの指導時数に応じて、年間指導計画を作成することが求められます。

　特に、共通必履修科目は当然のこと、各領域の指導単位数が指定されている以下に示す科目に関しては、配当時数に示された単位時間の確保が重要となります。
- 論理国語：【書くこと】50〜60単位時間程度【読むこと】80〜90単位時間程度
- 文学国語：【書くこと】30〜40単位時間程度【読むこと】100〜110単位時間程度
- 国語表現：【話すこと・聞くこと】40〜50単位時間程度【書くこと】90〜100単位時間程度

　これらの時間配当も、年度をまたいで履修する場合には、単一年度の年間指導計画だけでなく、複数年の年間指導計画を、それぞれ作成することが必要となります。

「国語」の年間指導計画

時期 （月） （週）	単元名	指　導　時　間　数				単元の目標	単元の評価規準
		全体の指導時数	話すこと・聞くこと	書くこと	読むこと		
ここには、教材名ではなく、この単元で主として育成すべき資質・能力の内容を示す。						学習指導要領国語に示されている「2　内容」の指導「事項」から、当該単元の学習で育成を目指す「事項」を選択して転記する。文末は「〜できる。」＜コピー＆ペースト＞ （1）知識及び理解 （2）思考力、判断力、表現力等 （3）学びに向かう力　人間性等	「単元の目標」として取り上げた指導「事項」を、具体的な「単元の評価規準」として示す。①と②は「単元の目標」の文末を「〜している」とする。 ①知識・技能 ②思考・判断・表現 ③主体的に学習に向かう態度
4月	入門 　言葉の働き	1			1	（1）言葉には、認識や思考を支える働きがあることを理解することができる。（(1) ア）	①言葉には、認識や思考を支える働きがあることを理解している。（(1) ア）
						（2）読み手の理解が得られるよう、論理の展開、情報の分量や重要度などを考えて、文章の構成や展開を工夫することができる。（B (1) イ）	②読み手の理解が得られるよう、論理の展開、情報の分量や重要度などを考えて、文章の構成や展開を工夫している。（B (1) イ）
							③言葉には、認識や思考を支える働きがあることを理解したり、読み手の理解が得られるよう、論理の展開、情報の分量や重要度などを考えて、文章の構成や展開を工夫したりすることに向けた粘り強い取り組みを行う中で、自らの学習を調整しようとしている。
4月 〜5月	1 　情報を読み解く 　情報を要約する 　情報を関連づけてまとめる	8			8	（1）言葉には、認識や思考を支える働きがあることを理解できる。（(1) ア） （2）主張と論拠など情報と情報との関係について理解することができる。（(2) ア）	①言葉には、認識や思考を支える働きがあることを理解している。（(1) ア） ②主張と論拠など情報と情報との関係について理解している。（(2) ア）
						（3）文章の種類を踏まえて、内容や構成、論理の展開などについて叙述を基に的確に捉え、要旨や要点を把握することができる。（C (1) ア）	①「読むこと」において、文章の種類を踏まえて、内容や構成、論理の展開などについて叙述を基に的確に捉え、要旨や要点を把握している。（C(1)ア）
							①言葉には、認識や思考を支える働きがあることや、主張と論拠など情報と情報との関係について理解し、文章の種類を踏まえて、内容や構成、論理の展開などについて叙述を基に的確に捉え、要旨や要点を把握したりすることに向けた粘り強い取り組みを行う中で、自らの学習を調整しようとしている。
3月	まとめ 　認識や思考を支える言葉の働き	2			2	（1）言葉には、認識や思考を支える働きがあることを理解することができる。（(1) ア）	①言葉には、認識や思考を支える働きがあることを理解している。（(1) ア）
						（2）読み手の理解が得られるよう、論理の展開、情報の分量や重要度などを考えて、文章の構成や展開を工夫することができる。（B (1) イ）	②「書くこと」において、読み手の理解が得られるよう、論理の展開、情報の分量や重要度などを考えて、文章の構成や展開を工夫している。（B (1) イ）
							③言葉には、認識や思考を支える働きがあることを理解したり、読み手の理解が得られるよう、論理の展開、情報の分量や重要度などを考えて、文章の構成や展開を工夫したりすることに向けた粘り強い取り組みを行う中で、自らの学習を調整しようとしている。

図11

評価方法	学習活動	教材名	言語活動	他教科との関連
行動や記述を、 ①観察・点検 ②確認 ③分析 から評価する。	単元全体の中の主たるものとする。 評価規準に示した①、②、③で育成すべき資質・能力を評価するための具体的な活動を絞って示す。	この単元で用いる具体的な教材名を示す。	学習指導要領「2内容」「思考力、判断力、表現力等」(2)の言語活動例における具体的な言語活動を取り上げ、記述する。	教科等横断的な視点に立った資質・能力の育成に関わる内容を記述する。
行動の観察	・気持ちがそれぞれ伝わるように言い方を考え、実際に声に出す。	・「言葉と声で表そう」	ア　論理的な文章や実用的な文章を読み、本文や資料を引用しながら、自分の意見や考えを論述する活動。	表現する能力
記述の確認	・写真を見て想像力をはたらかせ、石仏がなんと言っているのか、「せりふ」を考える。			
行動の分析	・二人組やグループで、自然なやりとりになる言い方を見つける。			
記述の確認 記述の確認	・「わかりあえないことから」を読み、要点に基づいて、主張と事例の関係を捉え直し、情報と情報との関係を把握し、要約する。	・「伝え合いに大事なことを考える」 ・「届く言葉、届かない言葉」 ・「わかりあえないことから」 ・「聞く力」	イ　異なる形式で書かれた複数の文章や、図表等を伴う文章を読み、理解したことや解釈したことをまとめて発表したり、他の形式の文章に書き換えたりする。	問題発見能力
記述の分析	・「届く言葉、届かない言葉」の三つの事例を中心に三段落に分け、要点を捉えるとともに、要旨をまとめる。			
行動の確認	・「わかりあえないこと」「聞く力」を読み、学習を振り返り、文章の構成や論理の展開、要旨や要約について，気付いたこと考えたことをまとめ、二人の筆者のコミュニケーションに対する考え方の特徴を指摘する。			
行動の観察	・教科書204〜205ページのイラストを見て、感じたことや考えたことをメモする。	・「言葉で世界を豊かに」	ア　論理的な文章や実用的な文章を読み，本文や資料を引用しながら、自分の意見や考えを論述する活動。	自己認識能力
記述の確認	・イラストにタイトルとコピーをつける。			
行動の分析	・感じたことや考えたことをまわりの人と交流し、タイトルやコピーについてコメントし合う。			

(2) 作成の手順

「現代の国語」を例に、作成の手順を具体的に考えてみましょう。

① 「単元名」を決定します。

「単元名」は、教科書等に掲載されている教材名をそのまま用いるのではなく、「現代の国語」として育成する資質・能力の内容の重点事項を示します。

教科書教材の配列に沿って年間計画を立てる場合には、図11の年間指導計画の右から3つめの枠「教材名：この単元で用いる具体的な教材名を示す」で取り上げた教材で、主として育成する資質・能力の内容の中心となる重点事項に絞って示します。

② 各領域の指導時数を学校として決定します。

「現代の国語」は、2単位設定ですので、年間70時間の授業が行われます。

「話すこと・聞くこと」が20~30単位時間程度、「書くこと」が、30~40単位時間程度、「読むこと」が10~20単位時間程度とされています。

全ての領域の単位時間の上限で指導時数を取れば、時間数は不足してしまいますので、学校や生徒の実態を見ながら学校として年間で各領域の指導時数が70時間の授業数になるよう調整を図ります。

共通必履修科目としての「言語文化」についても同様です。

「書くこと」が5〜10単位時間程度、「読むこと」の中、古典が40〜45単位時間程度、近代以降が20単位時間程度で、年間で70時間となるよう授業数の調整を図ります。

選択科目の「論理国語」「文学国語」「国語表現」「古典探究」については、各科目の「内容の取り扱い」に示された各領域における授業時数に基づいて、授業時数を配当します。

③ 単元の目標を設定します。

学習指導要領国語の「現代の国語」（参考資料にある学習指導要領国語の各領域の「2内容」に示されている指導「事項」を、育成すべき資質・能力として年間の中で全て指導として行うことが求められます。p.101）に示されている「2内容」の〔知識及び技能〕と〔思考力・判断力・表現力等〕に示されている指導「事項」を、単元の目標として、当該単元で育成すべき資質・能力として単元ごとに取り上げます。学習指導要領から、示されている内容をそのまま転記（Copy & paste）をすることで、〔知識及び技能〕と〔思考力・判断力・表現力等〕の単元の目標となります。なお、育成したい資質・能力に照らして、指導「事項」の一部を用いて単元の目標を作成することもあります。また、指導「事項」の一部を繰り返して単元の目標とすることも可能です。

学習指導要領国語に示されている〔知識及び技能〕と〔思考力・判断力・表現力等〕の「2内容」の指導「事項」の文末表現は、「〜すること。」とされていますが、〔思考力・判断力・表現力等〕の「2内容」の（1）には、「次の事項を身に付けることが<u>できる</u>よう指導する。」とあります。そこで、単元の評価規準を作成するに当たっては、文末表

現を「～できる。」と表現することになります（下線は、引用者）。

　「単元目標」として取り上げた〔知識及び技能〕〔思考力、判断力、表現力等〕の「領域」と指導「事項」は、当該単元で扱う「領域」と指導「事項」が分かるよう、学習指導要領国語に示されている記号と数字を用いて、例えば、〔知識及び技能〕は「(2)イ」（事項・事項の内容の順番）、〔思考力、判断力、表現力等〕は「A(1)ア」（領域・事項・事項の内容の順番）のように、単元の目標として取り上げる対象を明示することが求められます。

　ここで留意することは、学習指導要領の「2内容」に示されている指導「事項」は、それぞれの科目において、全て取り上げる必要があることです。また、学校や生徒の実態に合わせ、育成すべき資質・能力として定着を図るために、年間の中で同じ指導「事項」を2度、3度と繰り返したり、部分的に用いたりして扱うことも可能です。

　単元目標としての〔学びに向かう力　人間性等〕については、空欄として置く方が分かりやすいと思います。国語の目標や各科目の目標には、(1)に〔知識及び技能〕、(2)に〔思考力・判断力・表現力等〕、(3)に〔学びに向かう力　人間性等〕が示されています。国語の目標や各科目の目標として示されているので、示されている内容は国語や各科目全体に対してのものとなっており、各単元で取り上げる目標には、内容的に合わないものも示されています。そこで、この〔学びに向かう力　人間性等〕は、各単元では取り上げない方が分かりやすくなります。したがって、年間指導計画では、この箇所を斜線にしてあります。

④　単元の評価規準を設定します。

　「単元の評価規準」は、「単元の目標」として取り上げた指導「事項」を基に、〔知識及び技能〕と〔思考力・判断力・表現力等〕の評価規準を作成します。なお、育成したい資質・能力に照らして、指導「事項」の一部を用いて評価規準を作成することもあります。

　「単元の評価規準」は、単元目標として設定をした〔知識及び技能〕と〔思考力・判断力・表現力等〕では、それぞれ、文末表現の「～できる。」とされているものを、「～している。」とします。

　「学びに向かう力　人間性等」は、単元の学習としては評価の対象として取り上げるには広い内容となっているので、学校教育法第30条第2項の学力の重要な要素の中、「主体的に学習に取り組む態度」を各単元の評価規準として取り上げます。

　「主体的に学習に取り組む態度」は、平成19（2007）年6月に学校教育法が改訂され、その第30条第2項に示された学力の重要な要素を基にしています。

　第三十条
　2　前項の場合においては、生涯にわたり学習する基盤が培われるよう、**基礎的な知**

識及び技能を習得させるとともに、これらを活用して課題を解決するために必要な**思考力、判断力、表現力**その他の能力をはぐくみ、**主体的に学習に取り組む態度**を養うことに、特に意を用いなければならない。（太字は、引用者）

＊第六十二条で高等学校、第七十条で中等教育学校に準用

　戦後、日本の教育界において多くの学力論争が行われてきましたが、学校教育法改訂において学力の定義が成され、学校教育における学力の要素が定位することになりました。

　学校教育法に示された学力の要素を基に、目標に準拠した評価における観点別学習状況の評価の観点も、「知識・技能」「思考・判断・表現」「主体的に学習に取り組む態度」に、令和3年告示の学習指導要領から、上記の3観点に変更されました。

　「主体的に学習に取り組む態度」の評価は、中央教育審議会 初等中等教育分科会 教育課程部会「児童生徒の学習評価の在り方について（報告）」（平成31年1月21日。以下、「平成31年報告」）に以下のように示されています（p.10）。

　　「主体的に学習に取り組む態度」の評価に際しては、単に継続的な行動や積極的な発言等を行うなど、性格や行動面の傾向を評価するということではなく、各教科等の「主体的に学習に取り組む態度」に係る評価の観点の趣旨に照らして、知識及び技能を獲得したり、思考力、判断力、表現力等を身に付けたりするために、自らの学習状況を把握し、学習の進め方について試行錯誤するなど自らの学習を調整しながら、学ぼうとしているかどうかという意思的な側面を評価することが重要である。

　そして、具体を、次のようにまとめています（「平成31年報告」p.11）。

① 知識及び技能を獲得したり、思考力、判断力、表現力等を身に付けたりすることに向けた粘り強い取組を行おうとする側面と、
② ①の粘り強い取組を行う中で、自らの学習を調整しようとする側面、
という二つの側面を評価すること

　上記を基にすると、「主体的に学習に取り組む態度」の評価規準は、次のようにすると作成することができます。

> 　（主体的に）「知識・技能」（当該単元で取り上げる「知識・技能」の評価内容）を獲得したり、「思考・判断・表現」（当該単元で取り上げる「思考・判断・表現」の評価内容）を身に付けたりすることに向けた粘り強い取組を行う中で、自らの学習を調整しようとしている。

＊「主体的に学習に取り組む態度」の評価規準の作り方の具体は、「(6) 国語の学習指導案」（p.50）で、さらに詳しく述べます。

⑤　評価方法を設定します。

　学習評価は、表出されたものでしか判断できません。そこで、国語に関しては、言語化を通して行った表現を通して、学習した内容を評価します。国立教育政策研究所の「『指導と評価の一体化』のための学習評価に関する参考資料」（高等学校編　2021 年 8 月、p.44。以下、「参考資料」）には、以下のように示されています。

＜評価方法＞

○　音声言語・文字言語により、表現されたもので評価する。

　① 観察、点検

　　　行動の観察：学習の中で、評価規準が求めている発言や行動などが行われているかどうかを「観察」する。

　　　記述の点検：学習の中で、評価規準が求めている内容が記述されているかどうかを、机間指導などにより「点検」する。

　② 確認

　　　行動の確認：学習の中での発言や行動などの内容が、評価規準を満たしているかどうかを「確認」する。

　　　記述の確認：学習の中で記述された内容が、評価規準を満たしているかどうかを、ノートや提出物などにより「確認」する。

　③ 分析

　　　行動の分析：「行動の観察」や「行動の確認」を踏まえて「分析」を行うことにより、評価規準に照らして実現状況の高まりを評価する。

　　　記述の分析：「記述の点検」や「記述の確認」を踏まえて、ノートや提出物などの「分析」を行うことにより、評価規準に照らして実現状況の高まりを評価する。

　年間指導計画の「評価方法」の欄には、上記に示すような、学習評価の具体的な活動内容が分かる、評価方法を記入します。

　学習評価として「ノート」とか「ワークシート」等が示されることがありますが、ノートやワークシートは、学習評価を行うためのツールであり、学習評価の対象として示すことは、適切ではありません。

⑥　学習活動を設定します。

　年間指導計画に示す学習活動は、当該単元における「単元の評価規準」と「評価方法」の内容に対応した学習活動として、主たるものだけを取り上げて示します。

　「単元の評価規準」で取り上げている「①知識・技能」「②思考・判断・表現」「③主体的に学習に取り組む態度」と、「評価方法」のそれぞれの内容に応じた学習活動を絞

り込み、ここには記載します。

　学習評価は、この年間指導計画に示した学習活動が、学習評価の主たる対象となります。単元でいくつもの学習活動を対象として学習評価を行う事により、当該単元で育成すべき資質・能力の学習評価の対象が多くなってしまうことは避け、当該単元で育成する評価対象をできるだけ絞り込み少なくして、評価対象を明確にすることが重要です。

⑦　教材名を記入します。

　教材名は、教科書等で実際使用する教材名を記入します。

　「①　単元名」のところでも述べましたが、平成30（2018）年告示の国語では、国語の資質・能力の育成を図ることを求めています。国語の「教材を教える」ではなく、「教材で教える」ことが求められています。「①　単元名」には、当該単元で育成する資質・能力の重点事項を記載することになります。そのため、どのような教材を使用するかを明示するため、ここには「教材名」を示すことになります。

⑧　言語活動例を設定します。

　言語活動例は、学習指導要領国語の「2内容」の〔思考力・判断力・表現力等〕に「(2)(1)に示す事項については、例えば、次のような言語活動を通して指導するものとする。」とあり、言語活動例が示されています。当該単元では、言語活動を通して〔思考力・判断力・表現力等〕の育成を行うことになります。当該単元の〔思考力・判断力・表現力等〕の育成に適切な言語活動の設定が求められます。

⑨　他教科等との関連を設定します。

　平成30（2018）年告示では、「第1章 総則」「第2款 教育課程の編成」で「2 教科等横断的な視点に立った資質・能力の育成」を、以下のように求めています（p.5）。

> (1)　各学校においては、生徒の発達の段階を考慮し、言語能力、情報活用能力（情報モラルを含む。）、問題発見・解決能力等の学習の基盤となる資質・能力を育成していくことができるよう、各教科・科目等の特質を生かし、教科等横断的な視点から教育課程の編成を図るものとする。

　上記で求められているのは、教科等横断的な視点に立った資質・能力であり、単に、テーマや指導内容が同じものを線で結んだ年間単元配列表を作成することではありません。例えば、同じ「環境」というテーマを取り上げ、国語で環境問題についての文章を読み、地理総合で自然環境を追究し、理科で生物と環境との関係性を見いだしたりすることは、教科横断的な視点に立った資質・能力ではありません。

　教科等横断的な視点とは、高等学校学習指導要領解説総則編（pp.52-53）に、以下

のように示されています。

　　　あらゆる教科等に共通した学習の基盤となる資質・能力や、教科等の学習を通じ
　　て身に付けた力を統合的に活用して現代的な諸課題に対応していくための資質・能
　　力を、教育課程全体を見渡して育んでいくことが重要となる。

　教科等横断的な資質・能力は、汎用的な資質・能力であり、学習するテーマや教科内
容の横断ではないことに留意することが大切です。

　「汎用的な資質・能力」としては、例えば、以下のような資質・能力が考えられます。
　【Reading literacy（読解力）】
　・受容する能力、思考する能力、表現する能力
　【社会参画】
　・実践する能力，協働する能力，創造する能力、参与する能力
　【課題解決】
　・問題発見能力、問題解決能力、意思決定能力
　【Reflection（自省・熟考）】
　・自己認識能力、自己調整能力、自己省察能力、自己適応能力　等。

　なお、この「4　国語の年間指導計画」で取り上げている各項目は、このあとの
「5　国語の学習の記録（個票）」
「6　国語の学習指導案」
「7　学びのプラン」　とリンクしています。

5　国語の学習の記録（個票）

　年間指導計画を作成したら、それに基づいて、一人一人の生徒の年間の学習状況を把
握するために、国語の学習記録としての個票を作成すると、一人一人の生徒の学習評価
を行うときに役立ちます。（図12）
　個票の内容は、年間指導計画に取り上げた「時期・単元名・時間数・単元の目標・単
元の評価規準・学習活動・具体の評価方法」を一覧表にまとめ、学習の成果としての「評
価」を記入できるようにします。
　さらに、観点別学習状況の評価の総括と、評定もこの個票に記入できるようにしてお
くと、生徒一人一人の年間の学習状況の把握ができます。

第1学年国語科【現代の国語】学習の記録（記入例）

1年○組○○番　氏名〔　　　　　　　　〕

評定 ☐

時期	単元名	時間数	単元の目標	単元の評価規準	学習活動	具体の評価方法	評価
4月	入門 言葉の働き	書く 1	(1)言葉には、認識や思考を支える働きがあることを理解することができる。((1)ア) (2)読み手の理解が得られるよう、論理の展開、情報の分量や重要度を考えて、文章の構成や展開を工夫することができる。B(1)イ	①言葉には、認識や思考を支える働きがあることを理解している。((1)ア) ②読み手の理解が得られるよう、論理の展開、情報の分量や重要度を考えて、文章の構成や展開を工夫している。B(1)イ	写真を見て想像力をはたらかせ、石仏がなんと言っているのか、〔せりふ〕を考える。 気持ちがそれぞれ伝わるように言い方を考え、実際に声に出す。	行動の観察 記述の確認	
				③言葉には、認識や思考を支える働きがあることを理解したり、読みの理解が得られるよう、論理の展開、情報の分量や重要度を考えて、文章の構成や展開を工夫することに向けた粘り強い取り組みを行う中で、自らの学習を調整しようとしている。	二人組やグループで、自然なやりとりになる言い方を見つける。	行動の分析	
4〜5月	1 情報を読み解く 情報を要約する 情報を関連づけてまとめる	読む 8	(1)言葉には、認識や思考を支える働きがあることを理解することができる。((1)ア) (2)主張と論拠など情報と情報との関係について理解することができる。((2)ア) (3)文章の種類を踏まえて、内容や構成、論理の展開などについて叙述を基に的確に捉え、要旨や要点を把握することができる。(C(1)ア)	①言葉には、認識や思考を支える働きがあることを理解している。((1)ア) ②主張と論拠など情報と情報との関係について理解している。((2)ア) ③「読むこと」において、文章の種類を踏まえて、内容や構成、論理の展開などについて叙述を基に的確に捉え、要旨や要点を把握している。	「わかりあえないこと」を読み、要点を直し、情報について理解し、要約する。 「届く言葉、届かない言葉」を読み、論の展開を中心に三段落に分け、要点を捉えるとともに、要旨をまとめる。	記述の確認 記述の確認	
				④言葉には、認識や思考を支える働きがあることを理解したり、主張と論拠など情報と情報との関係について理解し、文章の種類を踏まえて、内容や構成、論理の展開などについて叙述を基に的確に捉え、要旨や要点を把握することに向けた粘り強い取り組みを行う中で、自らの学習を調整しようとしている。	「わかりあえないこと」を読み、学習を振り返り、文章の構成や展開の種類について、気付いたことや考えたことをまとめる。二人の筆者のコミュニケーションに対する考え方の特徴を指摘する。	記述の分析 行動の観察	
5〜6月	2 情報を吟味する 情報と適切に付き合う 情報を適切に編集する	話す・聞く 8	(1)知識及び技能 (2)思考力、判断力、表現力等	①知識・技能 ②思考・判断・表現 ③主体的に学習に取り組む態度			

観点別学習状況の評価の総括

知識・技能	
思考・判断・表現	
主体的に学習に取り組む態度	

図12　© 髙木展郎

　単元の学習を行うときに、そのつど、学習評価を行っておけば、定期テストで学習評価を行わなくてもすむようになります。

　定期テストの原型は、明治時代の考査に始まります。これまで、勉強ができるということは、定期テストで獲得する点数が高いことを指していました。ペーパーテストによる知識の習得量と再生の正確性とを持って学力の測定がされ、それを基に集団の中での序列を付けることが、学習評価として行われてきました。

　学習評価は、高等学校においては、平成16（2004）年から目標に準拠した評価に変わりました。

　学習評価は、戦後、昭和24（1949）年に学籍簿から指導要録へと変更されたことで、義務教育では、相対評価としての集団に準拠した評価が行われました。相対評価では評価基準を5段階として、5は7％、4は24％、3は38％、2は24％、1は7％と、集団の中での位置づけをする評価が行われました。

　義務教育段階では、平成10（1998）年版の学習指導要領改訂において、学習評価を「いわゆる絶対評価」としての目標に準拠した評価に変更され、平成13（2001）年から目標に準拠した評価が導入されました。

　集団に準拠した評価から目標に準拠した評価への転換は、学習評価が集団の中での位置を基準にすることから、一人一人がどのような資質・能力を身に付けるかの内容を問う評価への転換でもありました。集団に準拠した評価では、集団内の位置が問われるため、平均点や偏差値により一人一人の集団内での位置を確認してきました。平均点は、集団の中で、半数の生徒が必ず平均点以下となります。

　学校で学ぶことは、学んだことの全てを理解し全て分かることが一つの理想です。平成13年の目標準拠評価の導入は、序列化を行うために学習評価を行うのではなく、一人一人の生徒に資質・能力が育成されたかを見取ることを学習評価とするための改訂でした。

　これからの時代に求められる学習評価は、一人一人の違いのある生徒に、多様化する社会の中で、それぞれの個性に応じた資質・能力の育成を図り、その資質・能力を意味付けたり価値付けたりすることによって、生徒一人一人の学びを支え・支援することが学習評価の役割となります。

　図12の「現代の国語」の学習の記録（個票）は、一人一人の生徒が、各単元において何を学んだか、どのように学んだか、何ができるようになったか、の記録になります。個票では、集団の中で学習成績の位置を見ることはできませんが、一年間の「現代の国語」という教科の中での学習の成長の過程を学びの後付けとして確認することができます。

6 国語の学習指導案

(1) これからの学習指導案のあり方

　高等学校は、スクール・ミッション及びスクール・ポリシーを明確にして教育活動を行わなければならない時代を迎えています。生徒は、学校を選択して入学をします。しかし、入学した後、授業において教科の授業を担当する先生を選ぶことはできません。どの先生に授業を担当されても、入学した学校で、生徒に育成されるべき資質・能力は同じでなければならないことは、言うまでもありません。授業する先生によって、育成されるべき資質・能力が異なってしまっては、生徒の不利益になります。

　高等学校教育は、これからの時代、スクール・ミッション及びスクール・ポリシーに基づき、各学校の特徴を生かした教育を行うことが求められる時代になりました。各学校に求められる特徴の中心となるのは、授業にあると考えます。

　学校の一番の役割は、授業にあります。学習指導案は、これまで授業を行う教師一人一人が自分が行う授業に合わせて、それぞれに作成することが一般的でした。

　今日、「チーム学校」として高等学校3年間を通して資質・能力を育成することが求められています。そこで、指導する教師が異なっても、学校として授業を通して資質・能力を育成するため、指導案を個人が作成するのではなく、各科目の年間指導計画を基にした学校としての指導案の作成が求められるようになってきています。

　学校として育成すべき資質・能力を明確にした授業では、異なる教師の授業においても、生徒に育成する資質・能力は、学校として同じ資質・能力の育成を図ることが求められます。だからといって、全く同じ授業を求めているのではありません。教師の個性も重要です。これまでは、教師が異なれば、異なった授業となることが多かったのではないでしょうか。たとえ教師が異なっても、同じ学校に在籍している生徒に育成すべき資質・能力は、同じにすることが求められます。生徒は教師を選べません。だからこそ、教師が異なっても、一つの学校において育成すべき資質・能力の内容を同じにすることが求められるのです。

　教師の個性も生かす授業を行うためには、規準となる資質・能力を明確にして、たとえ教師が異なっても、各学校で成すべき同じ資質・能力の育成を図ることが重要となります。

　学校として各教科の年間指導計画を基にした各単元での学習指導案が求められる理由は、ここにあります。

　国語の学習指導案は、これまで多くが1時間の授業を対象に作成されることがありました。授業者の教材観や授業の受ける生徒の実態等とともに、1時間の授業の過程が示されていました。学習指導案によって授業者の指導力の向上を図り、授業研究会においての事後研修も、学習指導案を使用して行われることも多くありました。

　日本の学校教育において、優れた授業が多く行われてきたのは、明治以降続いている学校の授業研究によるものである、と言えましょう。しかし、今日、国語の授業を通して「知識・技能」「思考・判断・表現」「主体的に学習に取り組む態度」の資質・能力の育成が求められています。学力の３つの要素としての資質・能力を、これまでのように１時間の授業で育成することは難しいと考えます。授業時間のスパンを長くして、単元の中で数時間の授業時間を通して、３つの資質・能力の育成を図ることが求められるようになりました。

　そこで、学習指導案は、１時間の授業の計画ではなく、単元を通して育成すべき資質・能力の内容が分かることが重要となります。これまでの学習指導案の役割と、意味が大きく変わったと言えましょう。

　単元の授業を通して育成すべき資質・能力は、目標に準拠した評価における観点別学習状況の評価の「知識・技能」「思考・判断・表現」「主体的に学習に取り組む態度」の３観点です。単元の中で、「知識・技能」「思考・判断・表現」「主体的に学習に取り組む態度」の３観点の資質・能力を、いつ・どのように育成を図るかの計画が、学習指導案になります。

　単元の学習指導案には、当該単元で育成すべき資質・能力を明確にし、その資質・能力の育成に向けて学習評価の内容と方法、さらに、学習活動を絞り込んで示すことが必要です。特に、学習活動に関しては、学習評価の内容と連動したものを、数少なく示すことが重要となります。

　授業では、さまざまな活動があり、その学習活動は、単元で育成すべき資質・能力の学習評価にはならないものも当然あります。学習評価の対象としない学習活動に、それぞれの教師の個性や工夫が求められます。そこに教師の個性の発揮の場があるとも言えましょう。

　学校として育成すべき資質・能力の活動を絞り込んでおくことにより、当該単元におけるさまざまな学習活動の工夫の余地が生まれます。学習指導案には、それぞれの教師が行う学習活動を示す必要はありません。単元の学習指導案には、当該単元で育成すべき資質・能力と学習評価に対応した、学習活動のみを示すことになります。それにより、当該単元の授業を異なる教師が行っても、育成すべき資質・能力と学習評価が同じ授業となります。

　当該単元の学習指導案には、教師が異なっても同じ資質・能力を育成するため、学習内容を最小限に絞って示すことが求められます。学習指導案に示された内容を授業で必ず扱う資質・能力の規準として指導し学習評価を行います。

　学習指導案には、最小限に絞られた学習活動しか示されていないため、授業において教師は、評価規準として示されている学習評価に直接関わらない学習活動の展開を行うことで、学習評価の対象としない学習活動を通して、個性を生かすことになります。

国語科　第○学年　学習指導案

1　単元名　教材名や言語活動を単元名とするのではなく、この単元で育成すべき資質・能力の重点となる事項を「単元名」とする。

2　単元の目標
　学習指導要領に示されている「２　内容」の指導「事項」から、単元の目標として適切な指導「事項」を適宜選択して、そのまま引用して転記（copy & paste）する。文末表現は「～できる。」とする。

知識及び技能	思考力，判断力，表現力等	学びに向かう力、人間性等
学習指導要領国語の「２　内容」の指導「事項」に示されている〔知識及び技能〕から、本単元で育成すべきものを選んで記入する。＜取り上げた指導「事項」の記号を示す。＞ 　なお、育成する資質・能力に照らして、指導「事項」の文言の一部を取り上げたり、割愛したりすることもある。 　文末の表現は「～できる。」とする。	学習指導要領国語の「２　内容」の指導「事項」に示されている〔思考力・判断力・表現力等〕の各領域「Ａ　話すこと・聞くこと」「Ｂ　書くこと」「Ｃ　読むこと」の中から、本単元で育成する資質・能力を選んで記入する。＜取り上げた「領域」と指導「事項」の記号を示す。＞ 　なお、育成する資質・能力に照らして、指導「事項」の文言の一部を取り上げたり、割愛したりすることもある。 　文末の表現は「～できる。」とする。	〔学びに向かう力、人間性等〕は、各科目の目標として、学習指導要領の各科目の「１　目標」の(3)に示されている。したがって、各単元で設定する必要はない。 　また、〔学びに向かう力、人間性等〕には、「主体的に学習に取り組む態度」として観点別評価を通じて見取ることができる部分と、観点別評価や評定にはなじまず。個人内評価を通じて見取る部分（「感性、思いやりなど」）がある。したがって、「単元で育成する資質・能力」として示すことはできない。 　したがって、この欄は空欄とし、斜線を引く。

本単元で取り上げる言語活動
　学習指導要領の「２　内容」〔思考力・判断力・表現力等〕の各領域「話すこと・聞くこと」「書くこと」「読むこと」の(2)に示されている言語活動例から、この単元で取り上げる言語活動例を示す。

3　単元の評価規準
　本単元で育成する国語の資質・能力内容に合わせて、単元で扱う教材や言語活動の内容にあった具体的な評価規準を設定する。
　「２　単元の目標」で取り上げた学習指導要領の国語の「２　内容」の指導「事項」を、教材や言語活動の内容に合わせて具体的に示す。

知識・技能	思考・判断・表現	主体的に学習に取り組む態度
教材の内容に合わせて、「２　単元の目標」の〔知識及び技能〕に取り上げた指導「事項」を具体的な評価規準として設定する。 　文末の表現は「～している」とする。 （例：～を理解している／～の知識を身に付けている／～の技能を身に付けている等） 　なお、育成すべき資質・能力に照らして、指導事項の文言の一部を用いて評価規準を作成することもある。	はじめに，本単元で取り上げる領域名を、例えば「話すこと・聞くこと」において、と示す。 　教材や言語活動の内容に合わせて、「２　単元の目標」の〔思考力・判断力・表現力等〕に取り上げた指導「事項」を具体的な評価規準として設定する。 　文末の表現は「～している」とする。 　なお、育成すべき資質・能力に照らして、指導事項の文言の一部を用いて評価規準を作成することもある。	（各学校の実態に合わせ） 　（主体的に）「知識・技能」を獲得したり、「思考・判断・表現」を身に付けたりすることに向けた粘り強い取組を行う中で、自らの学習を調整しようとしている。

4　単元の指導と評価の計画

次	時	具体の評価規準と評価方法	学習活動
第一次	1	「具体の評価規準と評価方法」には、「３　単元の評価規準」に示した３観点の評価規準を、それぞれの「次」の学習活動の内容にあわせて配置する。	学習活動は、左記の３観点に合ったものを設定し、すべての時間の主たるもののみを簡潔に記入する。
第二次	2	・本単元の学習の過程で行う３観点の具体の評価規準を、評価方法と共に示す。 ・「具体の評価規準」は、本単元で育成する資質・能力（学習指導要領の「２　内容」の指導「事項」）に基づき、各学習のまとまりで行う評価の規準として示す。したがって、評価規準を設定しない時間もあり得る。 ・「主体的に学習に取り組む態度」の評価は、その単元での学習を通して育成する資質・能力であるので、単元の学習の過程の終盤で行うことが一般的である。	・「学習活動」は、時間ごとに生徒が行う具体として示す。 ・学習のまとまりを整理して、単元全体の学習がどのように組織されているかについて、指導者にとっても生徒にとっても分かりやすい「見通し」として示す。 ・〔思考力・判断力・表現力等〕を育成し、「思考・判断・表現」の評価を実現するための学習活動として、言語活動は必ず取り上げる。 ・言語活動は、「記録・要約・説明・論述・話合い」の活動である。
第二次	3		
第三次	4		・「振り返り」は、基本的には資質・能力の育成を図る課題を扱った時及び単元を通して資質・能力の育成が図られたかを確認する時に行う。（必ずしも毎時間ごとに行う必要はない。）※「学びのプラン」参照。

図13　学習指導案のひな形（© 髙木展郎）　＊学習指導案には、指導者の個人名は記載しない。

国語科　第1学年　「現代の国語」学習指導案（記入例）

1　単元名　要約と要旨

2　単元の目標

知識及び技能	思考力・判断力・表現力等	学びに向かう力、人間性等
(1)　言葉には、認識や思考を支える働きがあることを理解できる。((1)　ア) (2)　主張と論拠など情報と情報との関係について理解することができる。((2)　ア)	(3)　文章の種類を踏まえて、内容や構成、論理の展開などについて叙述を基に的確に捉え、要旨や要点を把握することができる。(C　(1)　ア)	

本単元で取り上げる言語活動

　　イ　異なる形式で書かれた複数の文章や、図表等を伴う文章を読み、理解したことや解釈したことをまとめて発表したり、他の形式の文章に書き換えたりする。(C　(2)　イ)

3　単元の評価規準

知識・技能	思考・判断・表現	主体的に学習に取り組む態度
①　言葉には、認識や思考を支える働きがあることを理解している。((1)　ア) ②　主張と論拠など情報と情報との関係について理解している。((2)ア)	①　「読むこと」において、文章の種類を踏まえて、内容や構成、論理の展開などについて叙述を基に的確に捉え、要旨や要点を把握している。(C　(1)　ア)	①　言葉には、認識や思考を支える働きがあることや、主張と論拠など情報と情報との関係について理解し、文章の種類を踏まえて、内容や構成、論理の展開などについて叙述を基に的確に捉え、要旨や要点を把握したりすることに向けた粘り強い取り組みを行う中で、自らの学習を調整しようとしている。

4　単元の指導と評価の計画

次	時	具体の評価規準と評価方法	学習活動
第一次	1		1「情報を読み解く」を読み、相手との伝え合い（コミュニケーション）では何が重視されているか考え，周りの人と話し合う。
第二次	2	【評価規準】 [知識・技能]① ・言葉には、認識や思考を支える働きがあることを理解できる。 ＜記述の確認＞ [思考・判断・表現]① ・文章の種類を踏まえて、内容や構成、論理の展開などについて叙述を基に的確に捉え、要旨や要点を把握している。 ＜記述の分析＞	2「届く言葉、届かない言葉」の三つの事例を中心に三段落に分け、要点を捉えるとともに、要旨をまとめる。 【言語活動：理解したことや解釈したことをまとめる】
	3	【評価規準】 [知識・技能]② ・主張や論拠など情報と情報との関係について理解している。 ＜記述の確認＞	3「わかりあえないことから」を読み、要点に基づいて、主張と事例の関係を捉え直し、情報と情報との関係を把握し、要約する。
第三次	4	【評価規準】 [主体的に学習に取り組む態度]① ・言葉には、認識や思考を支える働きがあることや、主張と論拠など情報と情報との関係について理解したり、文章の種類を踏まえて、内容や構成、論理の展開などについて叙述を基に的確に捉え、要旨や要点を把握したりすることに向けた粘り強い取り組みを行う中で、自らの学習を調整しようとしている。 ＜行動の確認＞	4「わかりあえないこと」「聞く力」を読み、学習を振り返り、文章の構成や論理の展開、要旨や要約について，気付いたこと考えたことをまとめ、二人の筆者のコミュニケーションに対する考え方の特徴を指摘する。

図14

(2) 学習指導案の内容と作成の手順

　学習指導案は、学校の指導案であるため、指導者の個人名は記載しません。

　以下、図13・14の学習指導案例に従って、各項目についての解説をします。

①　単元名

　教材名や言語活動を単元名とするのではなく、この単元で育成すべき資質・能力の重点となる事項を「単元名」とします。

②　単元の目標

　単元の目標には、学習指導要領国語に示されている各科目の〔知識及び技能〕〔思考力・判断力・表現力等〕の中から、その単元の学習指導に該当する項目を選択して示します。

　単元の目標としての〔知識及び技能〕〔思考力・判断力・表現力等〕は、学習指導要領に示されている「2内容」の指導「事項」から、単元の目標として適切な指導「事項」を適宜選択して、そのまま引用して転記（copy & paste）します。

　学習指導要領国語に示されている〔知識及び技能〕と〔思考力・判断力・表現力等〕の「2内容」の指導「事項」の文末表現は、「〜すること。」とされていますが、そのまま転記して（copy & paste）使用することも可能です。また、〔知識及び技能〕と〔思考力・判断力・表現力等〕の「2内容」の（1）には、「次の事項を身に付けることが<u>できる</u>よう指導する。」とあります。そこで、学習指導をすると言うことから、単元の評価規準の文末表現を「〜できる。」と表現することもあります（下線部は、引用者）。

　〔知識及び技能〕では、学習指導要領の「2内容」の指導「事項」に示されている〔知識及び技能〕から、本単元で育成すべきものを選んで記入します。また、指導する重点事項を絞り込み、育成する資質・能力に照らして、指導「事項」の文言の一部を割愛することもあります。

　〔思考力・判断力・表現力等〕では、学習指導要領の各科目の「2内容」の指導「事項」に示されている〔思考力・判断力・表現力等〕の各領域「話すこと・聞くこと」「書くこと」「読むこと」の中から、本単元で育成すべき資質・能力を選んで記入します。また、指導する重点事項を絞り込み、育成する資質・能力に照らして、指導「事項」の文言の一部を割愛することもあります。

　〔学びに向かう力　人間性等〕に関しては、学習指導要領には、国語の目標や各科目の目標として示されているものの、その内容は「国語」全体や「各科目」全体に関わる内容となるので、具体の授業として学習指導案の単元目標には、記載することはしないこととします。

　また、〔学びに向かう力、人間性等には、「主体的に学習に取り組む態度」として観点別評価を通じて見取ることができる部分と、観点別評価や評定にはなじまず。個人内評価を通じて見取る部分（「感性、思いやりなど」）があります。したがって、「単元で育成する資質・能力」として具体を示すことはできないので、学習指導案ではこの欄を空欄

とし、斜線を引いておくことにします。

・・

単元の目標

　学習指導要領に示されている「2　内容」の指導「事項」から、単元の目標として適切な指導「事項」を適宜選択して、そのまま引用して転記（copy & paste）する。

知識及び技能	思考力、判断力、表現力等	学びに向かう力　人間性等
学習指導要領国語の「2　内容」の指導「事項」に示されている〔知識及び技能〕から、本単元で育成すべきものを選んで記入する。＜取り上げた指導「事項」の記号を示す。＞なお、育成する資質・能力に照らして、指導「事項」の文言の一部を割愛することともある。文末の表現は「～できる。」とする。	学習指導要領国語の「2　内容」の指導「事項」に示されている〔思考力・判断力・表現力等〕の各領域「A　話すこと・聞くこと」「B　書くこと」「C　読むこと」の中から、本単元で育成すべき資質・能力を選んで記入する。＜取り上げた「領域」と指導「事項」の記号を示す。＞なお、育成する資質・能力に照らして、指導「事項」の文言の一部を割愛することともある。文末の表現は「～できる。」とする。	〔学びに向かう力、人間性等〕は、各科目の目標として、学習指導要領の各科目の「1　目標」の(3)に示されている。したがって、各単元で設定する必要はない。また、〔学びに向かう力、人間性等〕には、「主体的に学習に取り組む態度」として観点別評価を通じて見取ることができる部分と、観点別評価や評定にはなじまず、個人内評価を通じて見取る部分（「感性、思いやりなど」）がある。したがって、「単元で育成する資質・能力」として示すことはできない。したがって、この欄は空欄とし、斜線を引く。

・・

本単元で取り上げる言語活動

　学習指導要領の各科目の「2内容」〔思考力・判断力・表現力等〕の各領域「話すこと・聞くこと」「書くこと」「読むこと」には、「(2)(1)に示す事項については、例えば、次のような言語活動を通して指導 するものとする。」とあり、具体的な言語活動例が示されています。ここに示されている言語活動例や各学校の生徒の実態に即した言語活動例を、ここに示します。

③　単元の評価規準

　本単元で育成する国語の資質・能力の内容に合わせて、単元で扱う教材や言語活動にあった具体的な評価規準を設定します。

　「2単元の目標」で取り上げた学習指導要領の国語の各科目の「2内容」の指導「事項」を、教材や言語活動の内容に合わせて具体的に示します。

　学習指導要領国語の「2内容」において、「内容のまとまり」ごとに育成を目指す資質・能力が示されています。「2内容」の指導「事項」に示されている資質・能力は、そのまま国語の学習指導の目標となりうるものです。学習指導要領の目標に照らして観点別学習状況の評価を行うにあたり、生徒が資質・能力を身に付けた状況を表すために、「2内容」の指導「事項」の文末を「〜できる」から「〜している」と変換したもの等を、参考資料では、「内容のまとまりごとの評価規準」として、以下の図を示しています（p.32）。

「内容のまとまり」

〔知識及び技能〕	〔思考力，判断力，表現力等〕
(1) 言葉の特徴や使い方に関する事項	A話すこと・聞くこと
(2) 情報の扱い方に関する事項	B書くこと
(3) 我が国の言語文化に関する事項	C読むこと

「評価の観点」

知識・技能	思考・判断・表現	主体的に学習に取り組む態度

　つまり，〔知識及び技能〕は「知識・技能」，〔思考力，判断力，表現力等〕は「思考・判断・表現」と対応している。

図15

　上記に従うと、「知識・技能」「思考・判断・表現」「主体的に学習に取り組む態度」の単元での評価規準は、次のように作成することになります。
　○単元の評価規準としての「知識・技能」
　教材の内容に合わせて、「2単元の目標」のに示されている〔知識及び技能〕で取り上げた指導「事項」を、本単元で育成する資質・能力としての具体的な評価規準として設定します。文末表現は、「2単元の目標」の文末表現「〜できる。」を、「〜している。」と変換します。（例：〜を理解している／〜の知識を身に付けている／〜の技能を身に付けている　等）なお、本単元で育成すべき資質・能力に照らして、指導「事項」の文言の一部を用いて評価規準を作成することもあります。
　○単元の評価規準としての「思考・判断・表現」
　「思考・判断・表現」の評価規準を示すとき、はじめに、本単元で取り上げる領域名を示します。例えば、「『話すこと・聞くこと』において」、「『書くこと』において」、「『読むこと』において」と示します。
　教材や言語活動の内容に合わせて、「2　単元の目標」の〔思考力・判断力・表現力等〕に取り上げた指導「事項」を具体的な評価規準として設定します。文末表現は「〜して

いる」とします。なお、本単元で育成すべき資質・能力に照らして、指導「事項」の文言の一部を用いて評価規準を作成することもあります。

○単元の評価規準としての「主体的に学習に取り組む態度」

　各単元における「主体的に学習に取り組む態度」の評価規準の作成については、「(4)国語の年間指導計画　④　単元の評価規準を設定します。」（本書 p.43）で、先に示していますので、参照してください。

　「主体的に学習に取り組む態度」の評価規準に、各科目の目標として示されている「学びに向かう力　人間性等」を取り込むと、単元の評価規準として育成すべき資質・能力が焦点化しなくなることがあります。単元の評価規準では、各学校の実態に合わせて、以下のような評価規準を作成します。

　　（主体的に）「知識・技能」（当該単元で取り上げる「知識・技能」の評価内容）を獲得したり、「思考・判断・表現」（当該単元で取り上げる「思考・判断・表現」の評価内容）を身に付けたりすることに向けた粘り強い取組を行う中で、自らの学習を調整しようとしている。

　「主体的に学習に取り組む態度」では、当該単元において、知識及び技能を獲得したり、思考力、判断力、表現力等を身に付けたりするために、「知識・技能」と「思考・判断・表現」の評価の内容に関わるものが、評価の対象となります。単に、「粘り強い取組を行う」こととや「自らの学習を調整しようとしている」ことのみを学習評価の対象とすることではないことに留意することが重要です。

・・・

単元の評価規準

本単元で育成する国語の資質・能力内容に合わせて、単元で扱う教材や言語活動の内容にあった具体的な評価規準を設定する。
「2　単元の目標」で取り上げた学習指導要領の国語の「2　内容」の指導「事項」を、教材や言語活動の内容に合わせて具体的に示す。

知識・技能	思考・判断・表現	主体的に学習に取り組む態度
教材の内容に合わせて、「2単元の目標」の〔知識及び技能〕に取り上げた指導「事項」を具体的な評価規準として設定する。 文末は「〜している」とする （例：〜を理解している／〜の知識を身に付けている	はじめに、本単元で取り上げる領域名を、例えば「話すこと・聞くこと」において、と示す。 教材や言語活動の内容に合わせて、「2　単元の目標」の〔思考力・判断力・表現力等〕に取り上げた指導「事項」を具体的な評価規準と	〔各学校の実態に合わせ〕（主体的に）「知識・技能」を獲得したり、「思考・判断・表現」を身に付けたりすることに向けた粘り強い取組を行う中で、自らの学習を調整しようとしている。

| ／～の技能を身に付けている等）

なお、育成すべき資質・能力に照らして、指導事項の文言の一部を用いて評価規準を作成することもある。 | して設定する。
文末は「～している」とする。
なお、育成すべき資質・能力に照らして、指導事項の文言の一部を用いて評価規準を作成することもある。 | |

④ **単元の指導と評価の計画**

　単元の指導過程と学習評価の具体、それに伴う学習活動をここに示します。

　「単元の指導と評価の計画」では、当該単元での指導時間数を年間指導計画に基づいて、確定することになります。

　○**具体の評価規準と評価方法**

　「具体の評価規準と評価方法」には、「3　単元の評価規準」に示した3観点の評価規準を、それぞれの「次」の学習活動の内容にあわせて配置します。その内容は、以下のようになります。

- 本単元の学習の過程で行う3観点の具体の評価規準を、評価方法と共に示します。
- 「具体の評価規準」は、本単元で育成する資質・能力（学習指導要領の「2内容」の指導「事項」）に基づき、各学習のまとまりで行う評価の規準として示します。したがって、評価規準を設定しない時間もあり得ます
- 「主体的に学習に取り組む態度」の評価は、設定の趣旨からして、その単元での学習を通して育成する「知識・技能」と「思考・判断・表現」の資質・能力を獲得したり、身に付けたりする中で育成するための態度です。したがって、「知識・技能」と「思考・判断・表現」の学習活動を行っていることが前提となるため、単元の学習の過程の終盤で行うことが一般的となります。
- 評価方法の具体は、「(4) 国語の年間指導計画」「⑤　評価方法を設定します。」（本書 p.45）に示している評価方法を用いて行います。

　○**学習活動**

　学習活動は、「3　単元の評価規準」で示した3観点に対応したものを指導過程に合わせて設定し、指導する内容の主たるもののみを簡潔に示します。これまでの学習指導案における学習活動は、指導する具体としてきめ細かく示す傾向にありました。これまでのように個人で学習指導案を作成する場合には、指導の具体が丁寧に示され、生徒の活動の具体も分かるためも、意味がありました。ここでは、それぞれの教師の個性を生かすためにも、詳細にわたる学習活動を示すのではなく、当該単元で育成すべき資質・能力のみを絞り、対象とした学習活動を示すにとどめて置くことが、重要となります。

- 「学習活動」は、時間ごとに生徒が行う具体として示します。
- 学習のまとまりを整理して、単元全体の学習がどのように組織されているかについて、指導者にとっても生徒にとっても分かりやすい「見通し」として示します。
- 〔思考力・判断力・表現力等〕を育成し、「思考・判断・表現」の評価を実現するための学習活動として、言語活動は必ず取り上げます。
- 言語活動は、「記録・要約・説明・論述・話合い」の活動です。
- 「振り返り」は、基本的には資質・能力の育成を図る課題を扱った時及び単元を通して資質・能力の育成が図られたかを確認する時に行います。（必ずしも毎時間ごとに行う必要はありません。）※「学びのプラン」参照。

　学習活動を示すに当たり留意すべきことは、学習活動を行うことを通して、どのような資質・能力を育成するか、と言う視点が重要となります。活動に焦点を当てるのではなく、育成すべき資質・能力を如何に生徒に身に付けるかが大切です。

・・

単元の指導と評価の計画

次	時	具体の評価規準と評価方法	学習活動
第一次	1	「具体の評価規準と評価方法」には、「3　単元の評価規準」に示した3観点の評価規準を、それぞれの「次」の学習活動の内容にあわせて配置する。	学習活動は、左記の3観点に合ったものを設定し、すべての時間の主たるもののみを簡潔に記入する。
第二次	2	・本単元の学習の過程で行う3観点の具体の評価規準を、評価方法と共に示す。 ・「具体の評価規準」は、本単元で育成する資質・能力（学習指導要領の「2　内容」の指導「事項」）に基づき、各学習のまとまりで行う評価の規準として示す。したがって、評価規準を設定しない時間もあり得る。 ・「主体的に学習に取り組む態度」の評価は、その単元での学習を通して育成する資質・能力であるので、単元の学習の過程の終盤で行うことが一般的である。	・「学習活動」は、時間ごとに生徒が行う具体として示す。 ・学習のまとまりを整理して、単元全体の学習がどのように組織されているかについて、指導者にとっても生徒にとっても分かりやすい「見通し」として示す。 ・〔思考力・判断力・表現力等〕を育成し、「思考・判断・表現」の評価を実現するための学習活動として、言語活動は必ず取り上げる。 ・言語活動は、「記録・要約・説明・論述・話合い」の活動である。 ・「振り返り」は、基本的には資質・能力の育成を図る課題を扱った時及び単元を通して資質・能力の育成が図られたかを確認する時に行う。（必ずしも毎時間ごとに行う必要はない。）※「学びのプラン」（pp.60）参照。
	3		
第三次	4		

・・

7 学びのプラン

(1) 学びのプランとは

　「学びのプラン」は、学習指導案を基に、単元全体の学習目標・学習内容・評価内容を生徒の立場から、具体的に示すことにより、生徒に単元全体で、「何を学ぶか」「どのように学ぶか」「何が身に付いたか」かを、具体的に分かるように示すためのものです。それより、生徒に学習の「見通し」を持たせることになります。

　平成31年報告には、評価の方針を生徒と共有することが求められています（p.14）。

　(3) 評価の方針等の児童生徒との共有について

　○　これまで、評価規準や評価方法等の評価の方針等について、必ずしも教師が十分に児童生徒等に伝えていない場合があることが指摘されている。しかしながら、どのような方針によって評価を行うのかを事前に示し、共有しておくことは、評価の妥当性・信頼性を高めるとともに、児童生徒に各教科等において身に付けるべき資質・能力の具体的なイメージをもたせる観点からも不可欠であるとともに児童生徒に自らの学習の見通しをもたせ自己の学習の調整を図るきっかけとなることも期待される。

　　　また、児童生徒に評価の結果をフィードバックする際にも、どのような方針によって評価したのかを改めて共有することも重要である。

　○　その際、児童生徒の発達の段階にも留意した上で、児童生徒用に学習の見通しとして学習の計画や評価の方針を事前に示すことが考えられる。特に小学校低学年の児童に対しては、学習の「めあて」などのわかり易い言葉で伝えたりするなどの工夫が求められる。

　授業を通して育成すべき資質・能力は、これまで教師のみが理解していればよいとされてきました。

　授業は生徒の資質・能力の育成を図るために行われます。「授業の主語は、生徒」と言うことになります。授業の目標や授業を通して育成される資質・能力の内容を知らないままに授業を受けることは、生徒が主語となる授業とは言えないのではないでしょうか。

　「何を学ぶか」「どのように学ぶか」「何ができるようになるか」を大切にする授業では、単元を通して育成すべき資質・能力の内容の具体を、生徒と共有することが重要となります。「評価の闇討ちをしない」と言うことでもあります。

　学習評価は、授業を通して一人一人の生徒に国語としての資質・能力が育成されたかを見るものです。そのためには、授業の主語である生徒自身が、授業を通してどのような国語の資質・能力を育成するか、授業のはじめに自覚しておかなければなりません。「学びのプラン」は、育成すべき資質・能力を指導者と共有すると共に、生徒自身が当

該単元でどのような資質・能力と身に付けるかを自覚するために、重要となります。

　「学びのプラン」は、その趣旨を実現することが重要で、形式はそれぞれの学校や生徒の実態に合わせて、工夫して作成することが求められます

(2) 学びのプランの内容

①単元で身に付けたい資質・能力

　単元の評価規準を、生徒にとってわかりやすく、「生徒を主語」にして、具体的に示します。学習指導案の「3　単元の評価規準」の内容を、その単元で扱う教材や言語活動の内容にあわせて、生徒が読んで分かるような平易な文章で、具体的に記述します。

②評価の方法

　この単元の学習の過程で生徒が身に付けるべき資質・能力として設定した観点の具体の評価規準を、生徒が「身に付けたい資質・能力」として、評価方法と共に具体的に示します。評価方法の具体は、「(4) 国語の年間指導計画」「⑤　評価方法を設定します。」（本書 p.45）に示している評価方法を用いて行います。

　「身に付けたい資質・能力」は、単元の授業の流れの中で、いつ、どのように身に付けるのかを、学習過程に沿って示します。

　学習評価は、1時間の授業を対象として行う場合だけでなく、数時間にまたがる場合もあり得ますし、評価の内容によっては、複数回繰り返す場合もあります。

　「主体的に学習に取り組む態度」の評価は、その単元での「知識・技能」と「思考・判断・表現」の学習を通して育成する資質・能力であるので、単元の学習の過程の終盤で行うことが一般的となります。

③学習の内容

　「学びのプラン」で具体的に生徒に示す学習の内容は、以下のものです。

- 「学びのプラン」を活用して、単元のはじめに学習の「見通し」を必ず生徒に確認します。
- 「学習の内容」は、単元の各時間に生徒が行う活動の具体を示します。
- 時間ごとの主たる「学習活動」を、生徒の立場から分かりやすく示します。
- 学習のまとまりを整理して、単元全体の学習がどのように進むかを、生徒に分かるように示します。
- 〔思考力・判断力・表現力等〕を育成し、「思考・判断・表現」の評価を実現するための学習活動として、言語活動は必ず取り上げます。言語活動は、「記録・要約・説明・論述・話合い」の活動です。
- 「振り返り」は、「見通し」に対して行うものであり、「見通し」と対応していることを生徒に確認します。

学びのプラン＜例1＞

1．単元名

教材名や言語活動を単元名とするのではなく、この単元で育成すべき資質・能力の重点となる事項を「単元名」とする。

2．身に付けたい資質・能力

単元の評価規準を、生徒にとって分かりやすく、生徒を「主語」にして、具体的に示す。

学習指導案の「3 単元の評価規準」の内容を、その単元で扱う教材や言語活動の内容にあわせて、生徒が読んで 分かるような平易な文章で、具体的に記述する。

3．この単元で学習すること

知識・技能	思考・判断・表現	主体的に学習に取り組む態度
学習指導案の「3 単元の評価規準」の「知識・技能」に示した評価規準を、教材の内容に合わせて、生徒に分かるように 具体的に記述する。 文末は「〜している」とする。 （例：〜を 理解している／〜の知識を身に付けている ／〜の技能を身に付けている 等）	学習指導案の「3 単元の評価規準」の「思考・判断・表現」に示した評価規準を、教材や言語活動の内容に合わせて、生徒に分かるように具体的に記述する。 文末は「〜している」とする。 また、冒頭には、当該単元で指導する領域名を明記する。	（各学校の実態に合わせ） 主体的に「知識・技能」を身につけたり、「思考・判断・表現」を「〜しようとしている」ことに向けた粘り強い取組を行う中で, 自らの学習を調整しようとしている。

月日			単元・題材を通して身に付けさせたい 資質・能力と評価の方法	学習の内容
第一次	1			
第二次	2・3		・この単元の学習の過程の中で，生徒が「身に付けるべき資質・能力」として設定した3観点の評価規準を，生徒に「身に付けてほしい資質・能力」として，評価方法と共に具体的に示す。 ・この単元で生徒に「身に付けてほしい資質・能力」を，授業の流れの中で，いつどのように身に付けるか，学習での流れが分かるように示す。 ・「主体的に学習に取り組む態度」の評価は，その単元での学習を通して育成すべき資質・能力であるので，一般的には、単元の学習の最終段階で行うことが多くなる。 ・評価は，1 時間のみで行うものだけでなく，数時間にまたがる評価もあり得る。 ・評価内容は，複数回繰り返す場合もある。	・学習の「見通し」は、単元のはじめに生徒に必ず確認する。 ・「学習の内容」は、時間毎に生徒が行う活動の具体として示す。 ・時間毎の主たる学習活動を生徒の立場から，分かりやすく示す。 ・学習のまとまりを整理して、単元全体の学習がどのように進むかを，生徒に分かるように示す。 ・言語活動には，記録・要約・説明・論述・話合いの活動を入れる。 ・「振り返り」は，「見通し」に対して行うものであり，「見通し」と対応していることを生徒に確認する。
第三次	4			

図16 「学びのプラン」のひな形 （© 髙木展郎）

学びのプラン（記入例）

1　単元名　わかり合うために、情報を要約する

2　身に付けたい資質・能力

知識・技能	思考・判断・表現	主体的に学習に取り組む態度
①言葉には、認識や思考を支える働きがあることを理解している。 ②主張と論拠など情報と情報との関係について理解している。	①　「読むこと」において、文章の種類を踏まえて、内容や構成、論理の展開などについて叙述を基に的確に捉え、要旨や要点を把握している。	①　言葉には、認識や思考を支える働きがあることや、主張と論拠など情報と情報との関係について理解し、文章の種類を踏まえて、内容や構成、論理の展開などについて叙述を基に的確に捉え、要旨や要点を把握したりすることに向けた粘り強い取り組みを行う中で、自らの学習を調整しようとしている。

3　この単元で学習すること

次	時	単元を通して身に付けたい 資質・能力と評価の方法	学習の内容
第一次	1		1　学習の見通しをもつ 「情報を読み解く」を読み、相手とのとの伝え合い（コミュニケーション）では、何が重視されているかを考え、周りの人と話し合う。
第二次	2	【身に付けたい資質・能力】 ［知識・技能］① ①言葉には、認識や思考を支える働きがあることを理解できる。 →このことについて、ノートの記述の確認をすることを通して評価します。 【身に付けたい資質・能力】 ［思考・判断・表現］① ①文章の種類を踏まえて、内容や構成、論理の展開などについて叙述を基に的確に捉え、要旨や要点を把握している。 →このことについて、ノートの記述の分析をすることを通して評価します。	2「届く言葉、届かない言葉」を読み、内容を把握する。 3「届く言葉、届かない言葉」の三つの事例を中心に三段落に分け、要点を捉えるとともに、理解したことや解釈したことを要旨として、ノートにまとめる。
	3	【身に付けたい資質・能力】 ［知識・技能］② ②主張や論拠など情報と情報との関係について理解している。 →このことについて、ノートの記述の確認をすることを通して評価します。	4「わかりあえないことから」を読み、要点に基づいて、主張と事例の関係を捉え直し、情報と情報との関係を把握するために、ノートにその関係が分かるように要約する。
第三次	4	【身に付けたい資質・能力】 ［主体的に学習に取り組む態度］① ①言葉には、認識や思考を支える働きがあることや、主張と論拠など情報と情報との関係について理解したり、文章の種類を踏まえて、内容や構成、論理の展開などについて叙述を基に的確に捉え、要旨や要点を把握したりすることに向けた粘り強い取り組みを行う中で、自らの学習を調整しようとしている。 →このことについて、振り返りに自分の考えが書かれているかどうかを，話し合いの行動の確認をすることを通して評価します。	5「わかりあえないこと」「聞く力」を読み、二人の筆者のコミュニケーションに対する考え方の特徴を理解することから学習を振り返り、文章の構成や論理の展開、要旨や要約について、気づいたことや考えたことを、二人の筆者のコミュニケーションに対する考え方の特徴を指摘する。

図17

　「学びのプラン」は、「見通し」と「振り返り」とを、単元全体の資質・能力の育成に関わって学習の具体として行うものです。近年、「振り返り」を行うことは多くありますが、単元全体の学習を見通すことは、あまり行われていませんでした。

　単元の授業の1時間1時間の授業においても、その時間ごとに「何を学ぶか」「どのように学ぶか」を、生徒自身が自覚することが、資質・能力の育成に繋がります。

　近年、授業において、黒板にその時間の学習の流れや身に付けてほしい資質・能力の具体を示すことが行われるようになってきました。「学びのプラン」は、単元全体での学習の見通しを、教師のみが理解しているのではなく、生徒にも示し共有することにより、その単元を通して「何が身に付いたか」を、生徒自身が自覚する指標になります。

第4章
国語の観点別学習状況の評価

集団に準拠した評価（相対評価）から、目標に準拠した評価（絶対評価）への転換

　平成 10（1998）年の学習指導要領改訂にともなって、平成 13（2001）年 4 月に文部科学省初等中等教育局長が出した「小学校児童指導要録、中学校生徒指導要録、高等学校生徒指導要録、中等教 育学校生徒指導要録並びに盲学校、聾学校及び養護学校の小学部児童指導要録、中学部生徒指導要録及び高等部生徒指導要録の改善等について（通知）」（平成 13 年 4 月 27 日。以下、「平成 13 年通知」）により、目標に準拠した評価として、観点別学習状況の評価が導入され、学習評価が大きく転換しました。

　高等学校では、平成 16（2004）年度から目標に準拠した評価が、学年進行で実施されています。目標に準拠した評価は、学習指導要領に示す目標に照らしてその実現状況を評価するものであり、観点別学習状況の評価を基本として、生徒の学習の実現状況を適切に評価していくことを求めています。目標に準拠した評価は、生徒一人一人の進歩の状況や教科の目標の実現状況を的確に把握するもので、学習評価の改善につながるものとして導入されました。

　それまでの学習評価は、昭和 23（1948）年の学籍簿（昭和 24 年から、指導要録と改名）では、学習評価の客観性が求められ、正規分布による相対評価（集団に準拠する評価）が行われていました。評価の比率を 5 は 7％、4 は 24％、3 は 38％、2 は 24％、2 は 7％と定めていました。評価の比率が決まっているため、個人の学習の伸張を見ることができず、学習評価が集団内での位置づけを示す評価になっています。

　この集団に準拠した評価は、平均点の算出に象徴されるように、学習評価における集団内での位置付けや序列が成績と直接に結び付けられた評価となっています。一人一人の生徒の学習した内容の理解度や習熟度を評価とするのではなく、属している集団の中での順位のみが問われた評価となっています。この傾向は、今日も続いているのではないでしょうか。

　平成 13 年通知では、評定に関して、次のように指摘されています。

　イ　評定に当たっては、ペーパーテスト等による知識や技能のみの評価など一部の観点に偏した評定が行われることのないように「関心・意欲・態度」、「思考・判断」「表現・技能」、「知識・理解」の四つの観点による評価を十分踏まえながら評定を行っていくとともに、5 段階の各段階の評定が個々の教師の主観に流れて客観性や信頼性を欠くことのないよう学校として留意する。

　平成 13 年通知では、上記に示されている「関心・意欲・態度」、「思考・判断」「表現・技能」、「知識・理解」の 4 つが、学習評価の観点として示されました。

　平成 21（2009）年告示の学習指導要領改訂に伴う目標準拠評価では、「関心・意欲・

態度」「思考・判断・表現」「技能」「知識・理解」の４観点と、変更されました。そこには、学校教育法第30条第２項により、学力の要素が示されたことに合わせ、「思考・判断・表現」を学習評価として重視しようとしていることが、明確に認められます。

　平成30（2018）年告示（小・中は29年）の学習指導要領改訂に伴い、文部科学省初等中等教育局長「小学校、中学校、高等学校及び特別支援学校等における児童生徒の学習評価及び指導要録の改善等について（通知）」（平成31年３月29日。以下「平成31年通知」）が出され、これまでの４観点から、学校教育法第30条第２項に示された学力の重要な三つの要素に合わせ、「知識・技能」「思考・判断・表現」「主体的に学習に取り組む態度」の３観点が示され、それらを学習評価の観点として定位しました。

　目標に準拠した評価とは、学習指導要領の目標の実現を図るための学習評価です。国語では、学習指導要領国語の「２内容」の〔知識及び技能〕、〔思考力・判断力・表現力等〕に示されている指導「事項」が観点別学習状況の評価の対象となります。学習指導要領の指導「事項」に示されている内容の実現を図ることが、Ｂ規準を実現したことになります。

　原則的には、指導した生徒全員をＢに実現することを求めています。生徒全員がＢ規準を実現することができると、基礎・基本が身に付いた、ことになります。

　学習指導要領は、小・中学校においては、その基準性が教育の機会均等を保証するものですが、高等学校においては、学習指導要領の基準性を維持しつつ、学校や生徒の実態に応じて教育課程の編成を行うことも可能です。高等学校では、各学校の教育課程の編成により、各学校におけるＢ規準の設定を行うことになります。

　観点別学習状況の評価とは、生徒の学習状況を観点別に捉え、各教科・科目等における学習状況を分析的に把握することを目的とした学習評価です。平成30（2018）年告示では、学習評価の観点を、学校教育法第30条第２項で示した学力の３要素としての「知識・技能」「思考・判断・表現」「主体的に学習に取り組む態度」になりました。

　「主体的に学習に取り組む態度」について、内容と作成方法については、後述します。

　評価規準は、学習指導要領に示されている各科目の「２内容」の指導「事項」に示されているものを規準とし、量的な評価ではなく、質的な評価することになります。従って、学習評価は、学習指導要領の「２内容」の実現を図ることを目標としていることになります。それは、学習の到達を目指したり、達成を図ったりするための学習評価とは異なり、学習のプロセスの全体を学習評価の対象にしている評価であると言えましょう。

観点別学習状況の評価とは何か

⑴ 国語の観点別学習状況の評価として取り上げる資質・能力

　観点別学習状況の評価は、学習指導要領に示されている「２内容」を、学校教育法第

30条第２項に示された学力の３つの要素、「知識・技能」「思考・判断・表現」「主体的に学習に取り組む態度」を対象として、それぞれの観点ごとに学習状況を分析的に把握して、学習評価を行うものです。

　国語における学習評価の対象となる「知識・技能」は、学習指導要領国語では、「２内容」の〔知識及び技能〕の指導「事項」に示されています。この指導「事項」に示されたものを、各学校においては、生徒の実態に合わせて具体化することが求められます。

　「思考・判断・表現」も学習指導要領国語の「２内容」の〔思考力、判断力、表現力等〕の指導「事項」を、各学校の生徒の実態に即し、評価の観点として具体化することが求められます。

　小学校と中学校においては、観点別学習状況の評価の「知識・技能」と「思考・判断・表現」は、学習指導要領国語に示された内容から、そのまま転記（Copy & paste）することが求められますが、高等学校では、学校や生徒の実態が異なるため、各学校のスクール・ミッション及びスクール・ポリシーに沿って、観点別学習状況の評価を行うに際しての評価規準の設定を行うことが求められます。

　観点別学習状況の評価の観点は、上記の「知識・技能」と「思考・判断・表現」に加え、学校教育法第30条第２項にも示されている「主体的に学習に取り組む態度」も学習評価の対象となります。　学習評価の基本構造は、下記の図18になります。

　図18には、一番上のところに、「各教科における評価は、学習指導要領に示す各科目

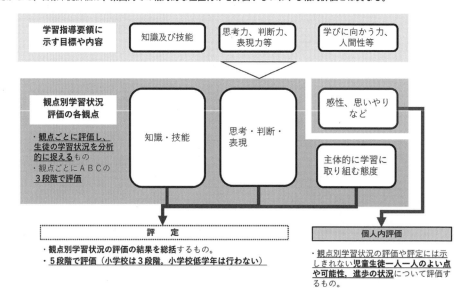

図18

の目標や内容に照らして、学習の実現状況を評価するもの（目標準拠評価）」が示されています。各学校においては、学校や生徒の実態に即して、学習指導要領を基に国語の各科目の「学習状況を評価する」規準を策定することが求められます。

　国語において育成すべき目標は、平成30（2018）年告示では、国語の「目標」に、（1）として「知識及び技能」、（2）として「思考力・判断力・表現力等」、（3）として「学びに向かう力　人間性等」が、本書「第2章　高等学校国語改訂の意味　1国語で求められる資質・能力」（p.18）でも示してあります。

　高等学校においては、学習指導要領国語の目標を基に、観点別学習状況の評価を行うため、学習評価の各観点での評価規準を、各学校で策定しなくてはなりません。学習指導要領に示されている「2内容」の指導「事項」を基に、各学校や生徒の実態に応じて、育成すべき資質・能力を明示化し、授業を通して一人一人の生徒に育成することが求められています。

　高等学校では、平成16（2004）年度から導入されている「目標に準拠した評価」は、いわゆる絶対評価であり、平成24（2012）年度からは「いわゆる」という文言がとれ「絶対評価」としている）、集団内での相対的な位置付けを評価するいわゆる相対評価とは異なることに留意することが必要です。

　相対評価として行われてきた集団に準拠した評価では、集団内での学習評価の位置付けを行うため、日本の学校教育では昭和24（1949）年以降、平均点を示してきました。平均点は、多くの場合、授業を受けた同じ集団の中でのペーパーテストを基に算出されます。

　授業を受けたら、授業を受けた全ての生徒が授業の内容を理解することが求められるのではないでしょうか。平均点の算出により、同じ授業を受けた生徒の半数が、平均点以下になります。また、100点満点のペーパーテストで、60点に平均点の山の頂点が来るよう試験問題を作成するとよい、などと言われることもあります。授業の内容は6割を理解すれば良い、と考えているからなのでしょうか。

　平均点の算出は、授業を受けた生徒の半数は、必ず平均点以下となり、授業を理解できていないことになってしまいます。平均点が低い時、教師は生徒のせいにしてはいないでしょうか。もしかしたら、教え方が悪く、生徒が授業内容を理解できていない場合もあるのではないでしょうか。平均点を算出することは、同じ授業を受けた生徒の序列を付けるための学習評価であり、70年前に導入され、今日では時代錯誤の学習評価になっています。

　授業を受けたら、その内容を全ての生徒が理解することこそが、授業の本来的な趣旨ではないでしょうか。学習評価において、ペーパーテストを用いて平均点を出すことの問題は、集団内の序列を付ける相対評価にその起点があったと考えられます。

　高等学校では、それまでの集団に準拠した評価から、一人一人の生徒の資質・能力を育成することに向けた目標に準拠した評価に、平成16（2004）年度から転換しています。

集団内での序列を付け、集団の中での自分の位置を知ることは、学習評価として分かりやすいかもしれません。しかし、授業を受けた生徒の半数が平均点以下となる学習評価は、一人一人の生徒の資質・能力を育成するための学習評価として、適していない評価となります。

　平均点を示すことは、これまでの日本の学校教育における、いわば習慣となっていました。時代は大きく変わってきています。今日求められている学習評価は、一人一人の生徒の資質・能力を育成することに向けたものとなっているのです。

(2) 単元の目標

　国語の各科目の授業における育成すべき資質・能力は、「単元の目標」として示します。学習指導要領国語の各科目の「1目標」の「2内容」に示されている〔知識及び技能〕〔思考力、判断力、表現力等〕の指導「事項」が、育成すべき資質・能力です。国語において各単元で育成すべき資質・能力が、それぞれの「単元の目標」になります。

　学習指導要領国語の「2内容」の指導「事項」として示されている「ア・イ・ウ・・・」の文章の一部のみを、当該単元で学習評価の対象にする「事項」として取り上げることも可能です。一部を取り出したり割愛したりして指導をした場合には、領域の履修単位時間の中で、指導「事項」に示されている当該単元で扱わなかった内容は、他の単元で必ず扱うことになります。領域の履修単位時間の終了時には、領域の指導「事項」に示されている内容は、全て取り扱うことが求められます。

　〔学びに向かう力、人間性等〕は、各科目の目標として示されていますが、「主体的に学習に取り組む態度」として観点別評価を通じて見取ることができる部分と、観点別評価や評定にはなじまず個人内評価を通じて見取る部分（「感性、思いやりなど」）があり、「単元で育成する資質・能力」として示すには対象が広くなるので、「単元の目標」として取り上げないことも可能です。

　学習指導要領国語の「1目標」と各科目の「1目標」には、「言語活動を通して」とあります。「単元の目標」には、当該単元で適切な言語活動を明示することが求められます。学習指導要領国語の各科目の「2内容」の〔思考力、判断力、表現力等〕には、「(2)(1)に示す事項については、例えば、次のような言語活動を通して指導するものとする。」として言語活動例が示されています。そこで、「単元の目標」では、「本単元で取り上げる言語活動」として、当該単元で用いる言語活動を明示することが求められます。

(3) 単元の評価規準

　「単元の評価規準」は、国語の各科目の各単元において育成すべき資質・能力の具体を、観点別学習状況の評価として、「知識・技能」、「思考・判断・表現」、「主体的に学習に取り組む態度」として、示すことになります。

　「単元の評価規準」では、「単元の目標」の〔知識及び技能〕と〔思考力、判断力、

表現力等〕は、それぞれ「知識・技能」と「思考・判断・表現」を観点として、学習評価を行います。「主体的に学習に取り組む態度」は、「学びに向かう力　人間性等」の観点別学習状況の評価を通じて見取ることのできる部分の内容を示すことになります。

　学習指導要領国語には、学習評価の観点として、次のように整理されています。

〔知識及び技能〕

(1) 言葉の特徴や使い方に関する事項

(2) 情報の扱い方に関する事項

(3) 我が国の言語文化に関する事項

　上記の (1) ～ (3) については、各単元においては、複数の事項を取り上げることもあります。

〔思考力、判断力、表現力等〕

　これまで国語の領域として示されてきた「話すこと・聞くこと」「書くこと」「読むこと」は、学習指導要領国語の「2内容」にあるように〔思考力、判断力、表現力等〕の観点として評価します。また、国語の領域は、各単元で一つに絞って取り上げることとします。

　〔思考力、判断力、表現力等〕の各単元の「単元の評価規準」として取り上げる対象領域は、科目によって以下のようになります。

○現代の国語

　　「A 話すこと・聞くこと」

　　「B 書くこと」

　　「C 読むこと」

○言語文化、論理国語、文学国語

　　「A 書くこと」

　　「B 読むこと」

○国語表現

　　「A 話すこと・聞くこと」

　　「B 書くこと」

○古典探究

　　「A 読むこと」

　「単元の評価規準」を作成する際には、学習指導要領国語の各領域に示されている指導「事項」の一部だけを取り上げて指導することも可能です。また、同じ領域の指導「事項」を複数取り上げることも可能です。

① 「知識・技能」の評価規準

　ⓐ 「知識・技能」の評価規準の作り方

　「知識・技能」の評価規準の作り方は、原則、「単元の目標」での作り方と同様で、

文末の表現を変更します。

　学習指導要領国語の「2内容」の〔知識及び技能〕の指導「事項」から、当該単元で育成する資質・能力に適切な「事項」を選択し、「2　単元の目標」の文末表現「〜できる。」を、「〜している。」と変換します。そのことを「内容のまとまりごとの評価規準」（文部科学省　国立教育政策研究所　教育課程研究センター）と呼ぶこととしています。

　「知識・技能」で学習指導の対象となる事項は、【言葉の特徴や使い方に関する事項】【情報の扱い方に関する事項】【我が国の言語文化に関する事項】があります。ただし、各科目の特質によって、この事項の中で扱わない事項もあります。「高等学校国語　各科目の目標及び内容」（本書 p.101）を参照してください。

　例えば、「現代の国語」では、

(1)　言葉の特徴や使い方に関する次の事項を身に付けることができるよう指導する。

(2)　話や文章に含まれている情報の扱い方に関する次の事項を身に付けることができるよう指導する。

(3)　我が国の言語文化に関する次の事項を身に付けることができるよう指導 する。

と、三つの「事項」を全て取り上げています。科目によっては、全ての「事項」を取り上げていない科目もありますので注意してください。

　「知識・技能」の評価規準の作成に当たっては、学習指導要領国語の各科目の「2内容」〔知識及び技能〕に示されている各「事項」は、履修単位時間の中で、全て取り上げることが求められています。

ⓑ 「知識・技能」の評価の考え方

　平成31年報告では、「知識・技能」について、以下のように述べています（p.7）。

　○　「知識・技能」の評価は、各教科等における学習の過程を通した知識及び技能の習得状況について評価を行うとともに、それらを既有の知識及び技能と関連付けたり活用したりする中で、他の学習や生活の場面でも活用できる程度に概念等を理解したり、技能を習得したりしているかについて評価するものである。

　国語における「知識・技能」の評価の対象とする内容は、学習指導要領国語に示されていることは、既に述べています。「知識・技能」の具体的な評価の考え方は、平成31年報告に、次のように示されています（p.8）。

　具体的な評価方法としては、ペーパーテストにおいて、事実的な知識の習得を問う問題と、知識の概念的な理解を問う問題とのバランスに配慮するなどの工夫改善を図るとともに、例えば、児童生徒が文章による説明をしたり、各教科等の内容の特質に応

じて、観察・実験をしたり、式やグラ フで表現したりするなど実際に知識や技能を用いる場面を設けるなど、多 様な方法を適切に取り入れていくことが考えられる。

　「知識・技能」の評価の対象となる具体的は、学習指導要領国語に示されている内容になります。上記には、一般化されたものしか示されていませんが、学習指導要領国語の「2内容」の指導「事項」を基に、国語の「知識・技能」の評価の対象を考えることになります。

　「知識・技能」の学習評価は、ペーパーテスト行えば良い、とする考えもありますが、ペーパーテスト以外の理解を問うことも求められます。例えば、古文において文法の助動詞の意味の見分けを説明させたり、生徒同士で説明し合わせたりすることで、生徒の理解を評価することも一つです。

②「思考・判断・表現」の評価規準

ⓐ 「思考・判断・表現」の評価規準の作り方

　国語の各科目には、科目の目標に応じて示された「2内容」の〔思考力、判断力、表現力等〕に、「話すこと・聞くこと」「書くこと」「読むこと」の領域が示されています。科目によっては、扱わない領域もあります。（本書の71ページ参照。）

　「思考・判断・表現」の評価規準の作り方は、「知識・技能」と同じく、原則、学習指導要領国語の「2内容」の〔思考力、判断力、表現力等〕の指導「事項」から、当該単元で育成する資質・能力に適切な指導「事項」を選択し、「2単元の目標」の文末表現「～できる。」を、「～している。」と変換します。そのことを「内容のまとまりごとの評価規準」（文部科学省 国立教育政策研究所 教育課程研究センター）と呼ぶこととしています。手順は、参考資料（pp.30-35）に示されています。

　「2単元の目標」にも示しましたが、学習指導要領国語の「2内容」の〔思考力、判断力、表現力等〕に示されている指導「事項」を、当該単元で育成すべき資質・能力として、観点別学習状況の評価として学習評価する規準を示します。

ⓑ 「思考・判断・表現」の評価の考え方

　「思考・判断・表現」の評価は、学習指導要領国語に示されている〔知識及び技能〕を活用して課題を解決する等のために必要な〔思考力、判断力、表現力等〕を、国語の授業を通して、生徒が身に付けているかどうかを評価するものです。

　高等学校学習指導要領（平成30年告示）解説　総則編（平成30年7月）には、〔思考力、判断力、表現力等〕について、以下のように示されています（p.41）。

　学校教育法第30条第2項において、「思考力、判断力、表現力等」とは、「知識及び技能」を活用して課題を解決するために必要な力と規定されている。この「知識及

び技能を活用して課題を解決する」という過程については、平成 28（2016）年 12 月の中央教育審議会答申が指摘するように、大きく分類して次の三つがあると考えられる。

- 物事の中から問題を見いだし、その問題を定義し解決の方向性を決定し、解決方法を探して計画を立て、結果を予測しながら実行し、振り返って次の問題発見解決につなげていく過程
- 精査した情報を基に自分の考えを形成し、文章や発話によって表現したり、目的や場面、状況等に応じて互いの考えを適切に伝え合い、多様な考えを理解したり、集団としての考えを形成したりしていく過程
- 思いや考えを基に構想し、意味や価値を創造していく過程

　平成 31 年報告では、「思考・判断・表現」の具体的な評価方法について、以下のように示しています（p.9）。

　新学習指導要領に示された、各教科等における思考力、判断力、表現力等に関わる目標や内容の規定を踏まえ、各教科等の特質に応じた評価方法の工夫改善を進めることが重要である。具体的な評価方法としては、ペーパーテストのみならず、論述やレポートの作成、発表、グループでの話合い、作品の制作や表現等の多様な活動を取り入れたり、それらを集めたポートフォリオを活用したりするなど評価方法を工夫することが考えられる。

　「思考・判断・表現」の学習評価では、単に結果としての評価ではなく、学習の過程における学習を対象とした評価が求められています。学習評価は、ペーパーテストのみでなく、表現されたいわゆるパフォーマンス評価によっても行われます。
　パフォーマンス評価とは、学習過程の中で表出された部分的なものを評価する場合や、レポートや口頭発表の内容によって評価する場合があります。ともに、表出されたパフォーマンスを評価の対象としています。国語におけるパフォーマンス評価は、表出された言語によって評価を行うことになります。
　「思考・判断・表現」の学習評価を行うにあたっての表出された内容で重視したいのは、「説明」です。学習したことを本当に理解できている場合には、きちんと「説明する」ことができます。理解が不十分な場合には、きちんとした「説明」をすることができません。

③「主体的に学習に取り組む態度」の評価規準
ⓐ「主体的に学習に取り組む態度」の評価規準の作り方
　「単元の評価規準」にある「主体的に学習に取り組む態度」は、学校教育法第 30 条第 2 項に示された学力の 3 つの要素「知識及び技能」、「思考力、判断力、表現力等」、「主体的に学習に取り組む態度」としてのものです。

　「主体的に学習に取り組む態度」に関しては、特に、生徒の学習への継続的な取組を通して現れる性質を有すること等から、学習指導要領国語の「2内容」に記載がされていません。「主体的に学習に取り組む態度」は、当該単元の「知識・技能」と「思考・判断・表現」に関わる内容として整理して示すことになります。

　中央教育審議会初等中等教育分科会教育課程部会総則・評価特別部会、配付資料（平成28年3月14日。平成28年答申、p.445）において、「各教科等の評価の観点のイメージ」が、下記の図19のように示されました。

【各教科等の評価の観点のイメージ】

観点（例） ※具体的な観点の書きぶりは，各教科等の特質を踏まえて検討	知識・技能	思考・判断・表現	主体的に学習に取り組む態度
各観点の趣旨のイメージ （例） ※具体的な記述については、各教科等の特質を踏まえて検討	（例） ○○を理解している／○○の知識を身に付けている ○○することができる／○○の技能を身に付けている	（例） 各教科の特質に応じ育まれる見方や考え方を用いて探究することを通じて、考えたり判断したり表現したりしている	（例） 主体的に知識・技能を身に付けたり，思考・判断・表現をしようとしたりしている

図19　＜出典＞「平成28年答申」　P445

　「各教科等の評価の観点のイメージ」によれば、「主体的に学習に取り組む態度」は、「知識・技能」と「思考・判断・表現」と切り離されたものではなく、「知識・技能」と「思考・判断・表現」の評価規準を受け、それぞれの評価規準を実現する態度を評価の対象とすることが示されています。それを平成28年答申をもとに「主体的に学習に取り組む態度」の評価規準を作成すると、以下の例1のようになります。

> **例1**
> 　**主体的に「知識・技能」（当該単元で取り上げる「知識・技能」の評価内容）を獲得したり、「思考・判断・表現」（当該単元で取り上げる「思考・判断・表現」の評価内容）を身に付けたりしようとしている。**

　平成31年報告には、「主体的に学習に取り組む態度」の評価の基本的な考え方を、次のように示しています（p.10）。

　「主体的に学習に取り組む態度」の評価に際しては、単に継続的な行動や積極的な

発言等を行うなど、性格や行動面の傾向を評価するということではなく、各教科等の
「主体的に学習に取り組む態度」に係る評価の観点の趣旨に照らして、知識及び技能
を獲得したり、思考力、判断力、表現力等を身に付けたりするために、自らの学習状
況を把握し、学習の進め方について試行錯誤するなど自らの学習を調整しながら、学
ぼうとしているかどうかという意思的な側面を評価することが重要である。

　上記に認められるのは、「知識及び技能を獲得したり、思考力、判断力、表現力等を
身に付けたりするために」と言うことが重要となります。学習評価の観点としての「主
体的に学習に取り組む態度」は、当該単元における「知識・技能」と「思考・判断・表
現」の評価の観点に関わっていることが重要です。
　平成 31 年報告には、次の内容が示されています（p.11）。

○　本観点に基づく評価としては、「主体的に学習に取り組む態度」に係る各教科等
　の評価の観点の趣旨に照らし、
　　①　知識及び技能を獲得したり、思考力、判断力、表現力等を身に付けたりする
　　　ことに向けた粘り強い取組を行おうとする側面と、
　　②　①の粘り強い取組を行う中で、自らの学習を調整しようとする側面、
　　　という二つの側面を評価することが求められる。

　上記の「二つの側面を評価すること」には、以下の脚注が加えられています（p.11）。

　これら①②の姿は実際の教科等の学びの中では別々ではなく相互に関わり合いながら
立ち現れるものと考えられることから、実際の評価の場面においては、双方の側面を
一体的に見取ることも想定される。例えば、自らの学習を全く調整しようとせず粘り
強く取り組み続ける姿や、粘り強さが全くない中で自らの学習を調整する姿は一般的
ではない。

　そこで、「主体的に学習に取り組む態度」の評価の観点は、平成 28 年答申と 31 年報
告から考えると、次の例 2 のように作成することが考えられます。

例 2
　（主体的に）「知識・技能」（当該単元で取り上げる「知識・技能」の評価内容）
を獲得したり、「思考・判断・表現」（当該単元で取り上げる「思考・判断・表現」
の評価内容）**を身に付けたりすることに向けた粘り強い取組を行う中で、自らの学
習を調整しようとしている。**

　観点別学習状況の評価としての「主体的に学習に取り組む態度」の評価は、①と②との二つの側面を一体として見取ることが求められています。したがって、片方が「おおむね満足できる」状況と判断される（B）の評価でも、もう一方が「努力を要する」状況と判断される（C）と評価された場合には、二つの側面を一体として見取った評価では、「おおむね満足できる」状況と判断される（B）にはなりません。

　「主体的に学習に取り組む態度」が「知識・技能」と「思考・判断・表現」の双方の関わりのある学習評価となることが、平成31年報告では、次のように説明されています（pp.11−12）。

○　このような考え方に基づき評価を行った場合には、例えば、①の「粘り強い取組を行おうとする側面」が十分に認められたとしても、②の「自らの学習を調整しようとしている側面」が認められない場合には、「主体的に学習に取り組む態度」の評価としては、基本的に「十分満足できる」（A）とは評価されないことになる。

　これは、「主体的に学習に取り組む態度」の観点については、ただ単に学習に対する粘り強さや積極性といった児童生徒の取組のみを承認・肯定するだけではなく、学習改善に向かって自らの学習を調整しようとしているかどうかを含めて評価することが必要であるとの趣旨を踏まえたものである。仮に、①や②の側面について特筆すべき事項がある場合には、「総合所見及び指導上参考となる諸事項」において評価を記述することも考えられる。

　「主体的に学習に取り組む態度」は、単に辞書的な意味での「主体的」ではありません。「知識及び技能を獲得したり、思考力、判断力、表現力等を身に付けたりすることに向け」て、単元目標としての「知識及び技能」と「思考力、判断力、表現力等」の資質・能力の双方の育成に関わって、「主体的に学習に取り組む態度」が行われなくてはならないことが求められているからです。

　「粘り強い取組」は、「知識及び技能」と「思考力、判断力、表現力等」に関わるものであり、さらに、それを行う中で、「自らの学習の調整」を行おうとすることの態度を、学習評価の観点として取り上げています。「粘り強い取組」と「自らの学習の調整」は、それのみを対象として取り上げるのではなく、それぞれの言葉が修飾している前の文章と関わって使われていることに留意することが求められます。

　「粘り強い取組」とは、具体的には、「あきらめずに、根気強く、妥協せず、ひたむきに、手加減せず、手抜きすることなく、じっくりと、こつこつと、辛抱強く、一歩一歩、しっかりと」などが、該当します。

　「自らの学習の調整」は、メタ認知としての「効果的な学習方略・自己認識・自己調整・自己適応」のうち、自己調整としての「自制心、自己効力感、責任、問題解決、適応能力」が該当します。これらのことを言い換えると、これまでの学習を振り返ったり

他の学びを参考にしたりして、工夫して学習に取り組んでいることとも言えましょう。具体的な現れとしては、「工夫して～しようとしている。」ことになります。

　参考資料には、「主体的に学習に取り組む態度」について、次のように示されています（p.35）。

① 　粘り強さ〈積極的に、進んで、粘り強く等〉
② 　自らの学習の調整〈学習の見通しをもって、学習課題に沿って、今までの学習を生かして等〉
③ 　他の2観点において重点とする内容（特に、粘り強さを発揮してほしい内容）
④ 　当該単元の具体的な言語活動（自らの学習の調整が必要となる具体的な言語活動）

　上記の説明の前に、「①から④は固定的な順序を示すものではないこと、④については、言語活動自体を評価するものではないことに留意する必要がある。」旨も示されています。①から④までを順序とすると、④の言語活動が文末になり、言語活動を評価することとなってしまいます。言語活動は、国語の資質・能力を育成するための活動であり、資質・能力ではないことに留意する必要があります。
　先に例1と例2で、平成28答申と平成31年報告とから「主体的に学習に取り組む態度」の評価規準の作成を示しましたが、上記、参考資料で求めている言語活動を「主体的に学習に取り組む態度」の評価規準に取り入れると、以下の例となります。
　言語活動は、〔思考力、判断力、表現力等〕の指導「事項」の（2）に示されていることから、言語活動は、〔思考力、判断力、表現力等〕を育成することに向けた活動となります。そこで、「思考・判断・表現」の学習評価に言語活動が係る「主体的に学習に取り組む態度」の評価規準は、次の例3ようになります。

例3
　「知識・技能」（当該単元で取り上げる「知識・技能」の評価内容）**を獲得したり、言語活動を通して**（当該単元で取り上げる言語活動の具体を示す）、**「思考・判断・表現」**（当該単元で取り上げる「思考・判断・表現」の評価内容）**を身に付けたりすることに向けた粘り強い取組を行う中で、自らの学習を調整しようとしている。**

　また、学習指導要領国語の目標や各科目の目標には、「言葉による見方・考え方を働かせ、**言語活動を通して**、国語で的確に理解し効果的に表現する資質・能力を」育成する、とあります。そこに示されている言語活動の位置を基に「主体的に学習に取り組む態度」を作成すると、以下の例4となります。

> **例 4**
>
> 　言語活動を通して（当該単元で取り上げる言語活動の具体を示す）、「知識・技能」（当該単元で取り上げる「知識・技能」の評価内容）を獲得したり、「思考・判断・表現」（当該単元で取り上げる「思考・判断・表現」の評価内容）を身に付けたりすることに向けた粘り強い取組を行う中で、自らの学習を調整しようとしている。

　国語においては、単元の目標に、言語活動を通して、当該単元で育成を目指す言語能力を取り上げることが求められています。

　上記、例 3 と例 4 では、言語活動を「主体的に学習に取り組む態度」の評価規準に入れましたが、言語活動は、学習指導案の項目として、本書（p.52）の「2　単元の目標」の下にある「本単元で取り上げる言語活動」の事例のように取り上げたり、単元の学習活動の中で必ず言語活動を取り上げたりすれば、評価規準として「主体的に学習に取り組む態度」で取り上げ無くても済むと考えられます。

　そこで、本書では、言語活動は、資質・能力を育成するための活動であることから、「主体的に学習に取り組む態度」の評価規準の内容に言語活動を含めない例 2 を事例として用いています。

　「主体的に学習に取り組む態度」の評価規準の作成は、学習指導要領国語には、直接的にその内容は示されていません。そこで、各学校においては、生徒の実態に応じてカリキュラム・マネジメントに基づいて例 1 から例 4 を参考にし、「主体的に学習に取り組む態度」の評価規準の作成を行うことが求められます。

ⓑ 「主体的に学習に取り組む態度」の評価の考え方

　各単元における指導過程において、「知識・技能」、「思考・判断・表現」、「主体的に学習に取り組む態度」の学習評価を行う際、「知識・技能」、「思考・判断・表現」に関しては、どちらかを先に指導しても差し支えはありません。しかし、「主体的に学習に取り組む態度」は、上記に「知識及び技能を獲得したり、思考力、判断力、表現力等を身に付けたりすることに向けた」とあるように、基本的には「知識・技能」と「思考・判断・表現」の学習を行った後に位置付くことが多くなります。

　「主体的に学習に取り組む態度」の学習評価では、これまでも言われてきている「指導と評価の一体化」を図ることが重要となります。

　「主体的に学習に取り組む態度」の学習評価は、「知識・技能」と「思考・判断・表現」の双方に関わる取り組む態度を評価するものです。そこでは、「知識及び技能を獲得したり、思考力、判断力、表現力等を身に付けたりするために」、「粘り強い取組」と「自らの学習の調整」を図ることを求めています。単に「粘り強い取組」と「自らの学習の調整」を学習評価の対象としているのではなく、あくまで、「知識・技能」と「思考・

判断・表現」に関わる「粘り強い取組」と「自らの学習の調整」であることに留意することが重要となります。

　「自らの学習の調整」について平成31年報告では、以下の指摘がされています（p.11）。

> ○　ここで評価の対象とする学習の調整に関する態度は必ずしも、その学習の調整が「適切に行われているか」を判断するものではなく、それが各教科等における知識及び技能の習得や、思考力、判断力、表現力等の育成に結び付いていない場合には、それらの資質・能力の育成に向けて児童生徒が適切に学習を調整することができるよう、その実態に応じて教師が学習の進め方を適切に指導するなどの対応が求められる。その際、前述したような学習に関する自己調整にかかわるスキルなど、心理学や教育学等における学問的知見を活用する ことも有効である。
>
> 　なお、学習の調整に向けた取組のプロセスには児童生徒一人一人の特性があることから、特定の型に沿った学習の進め方を一律に指導することのないよう配慮することが必要であり、学習目標の達成に向けて適切な評価と指導が行われるよう授業改善に努めることが求められる。

　上記に認められるのは、資質・能力（学力）観が、単なる知識の習得の量と再生の正確性のみではなくなっていることの象徴とも言えましょう。ここに、今回の学習指導要領改訂の大きな意味があります。学力の3つの要素として学校教育法30条第2項で示された「知識及び技能」「思考力・判断力・表現力等」「主体的に学習に取り組む態度」の育成は、学習評価の転換を伴って育成される資質・能力であると言えましょう。

　観点別学習状況の評価は、成績を付けたり評定を付けたりするために行われるのではなく、一人一人の生徒の学習状況を把握し、生徒の資質・能力を意味づけたり価値づけたりして、生徒一人一人をよりよくするための支援を行うことが求められているのです。

指導と評価の一体化

　学習評価は、昭和24（1949）年の指導要録の実施以降、平成13（2001）年に目標に準拠した評価（いわゆる絶対評価）に変わるまで（高等学校は、平成16年度より）、集団に準拠した評価（相対評価）が行われてきました。学習評価によって、学校や学年、学級での成績による順位付けを行うことが学習評価と捉えられてきました。成績によって序列を付けるという考え方は、学習評価がEvaluation（値踏みする）という英語によっていたためでもあります。

　学習評価観が世界的に大きく変わりだしたのは、1980年代からで、学習評価という

用語が Assessment（支援する。支える。）に変わってきてからだと言えます。近年では、Assessment as Learning（学習としての評価）と言う用い方もされています。

そこには、結果としての学習評価から、学習の過程を対象とした評価への転換が、図られるようになった状況が認められます。

学習評価は、学習の結果としてのものだけではなく、「何を学ぶか」「どのように学ぶか」「何ができるようになるか」という学習の全体像や学習の過程を理解したり、把握したりすることが求められるようになりました。

学習の主体としての生徒自身が「何を学ぶか」「どのように学ぶか」「何ができるようになるか」を自ら理解したり、把握したりすることは、難しい面も多々あります。そこで重要になるのが、カリキュラム・マネジメントです。カリキュラム・マネジメントを生徒にも開示することにより、学習の意味や目的を生徒自身が理解することが可能になります。それゆえ、学校教育では、意図的・計画的なカリキュラム・マネジメントに基づいた教育活動が、指導する教師にとっても、授業を受ける生徒にとっても重要となります。

学習評価が結果としての成績や評定としてだけではなく、学習の過程を重視した学習評価を行う時、そこでは指導のあり方が問われてきます。学習評価は、学習指導と表裏一体のものであるとも言えましょう。学習評価は、学習指導が伴わなければ、行うことができないのです。

カリキュラム・マネジメントの中に、「主体的・対話的で深い学び」が、平成30（2018）年告示の高等学校学習指導要領で取り上げられています。（本書28ページ参照）

平成31年報告では、「(2) 主体的・対話的で深い学びの視点からの授業改善と評価」について、以下のように示しています（p.4）。

○ 特に指導と評価の一体化を図るためには、児童生徒一人一人の学習の成立を促すための評価という視点を一層重視することによって、教師が自らの指導のねらいに応じて授業の中での児童生徒の学びを振り返り学習や指導の改善に生かしていくというサイクルが大切である。すなわち、新学習指導要領で重視している「主体的・対話的で深い学び」の視点からの授業改善を通して各教科等における資質・能力を確実に育成する上で、学習評価は重要な役割を担っている。

学習評価がこれまでは、成績を付けることや学校やクラスの中での序列を付けることに集約されることが、高等学校では特に多かったのでは無いでしょうか。今日求められる学習評価は、生徒一人一人の資質・能力の育成を図るために、意味付けたり価値付けたりするために行われるものに転換（パラダイム・シフト）しようとしていることに気付きたいと思います。

学校は、生徒が知らなかったり、分からなかったり、できなかったりするから、授業

を通して、知ったり、分かったり、できたりするようになるためのコミュニティだと思います。はじめから知っていたり、分かっていたり、できていたら、学校はいらないのではないでしょうか。先生や学級の友達と共に学ぶ中で、学びが広がったり深まったりするのです。そこに、「個別最適な学び」と「協働的な学び」とが機能するのです。

　授業を通して、知ったり、分かったり、できるようにならないのは、もしかしたら教師の責任かもしれません。指導と評価の一体化は、教師の授業のあり方への振り返りの機会でもあります。

　学習評価には、一人一人の生徒の学習の過程や結果、成果を、意味付けたり価値付けたりすることが、今日求められています。一人として同じ資質・能力を有する人がいないのと同様、一人一人の資質・能力は、全て異なる、ことから学習評価を考えることが求められています。

　結果のみを学習評価するのではなく、授業を通して育成するプロセスも対象とした学習評価を行うことが重要になってきています。そこに、指導と評価の一体化を図ることが求められているのです。学習評価の結果は、生徒個人の問題ではなく、その育成を図る過程としての指導も問われることになります。

　平成31年通知では、「指導と評価の一体化」について、次のように指摘しています(p.2)。

　(2) 主体的・対話的で深い学びの視点からの授業改善と評価
　　指導と評価の一体化の観点から、新学習指導要領で重視している「主体的・対話的で深い学び」の視点からの授業改善を通して各教科等における資質・能力を確実に育成する上で、学習評価は重要な役割を担っていること。

　「主体的・対話的で深い学び」の授業を通して、一人一人の生徒の資質・能力の育成を図ることが、今日の高等学校に求められています。そこでは、生徒が自ら主体的に学習に取り組むことは言うまでもありませんが、そこに、教師の指導が入ることにより、生徒一人一人の学習は、より充実したものとなるのではないでしょうか。生徒と教師が学びを共有することが指導と評価の一体化に繋がります。

　生徒が自分自身で自分の学びをメタ認知して、学習活動としての自己評価を行うことは重要です。自己認識なくして、自己変革や成長はありません。自己評価とともに、異なる他者としての視点から、教師による意味づけたり価値づけたりする評価を行うことにより、自己評価では足りないことに気付くことも重要だと考えます。

　今日、学習評価は、大きく変わってきていることに、気付きたいと思います。

4　評価から評定へ

(1) 目標に準拠した評価が求める資質・能力

　目標に準拠した評価では、学習指導要領に示されている「2内容」の指導「事項」を観点として、生徒一人一人の学習状況の評価を行うことが求められています。学習評価は、日々の授業を通して、生徒一人一人に育成すべき資質・能力を具体的に示し、その実現を図ることを目指しています。

　平成30（2018）年改訂で求められている資質・能力は、「学習指導要領が育成を目指す資質・能力の三つの柱」（図1、p.13）の育成を図ることです。この育成を目指す資質・能力の三つの柱の「学びに向かう力　人間性等」には、「どのように社会・世界と関わり、よりよい人生を送るか」が内容として示されています。

　「学びに向かう力　人間性等」は、OECDが提唱するこれからの社会で必要な資質・能力（Education2030　Learning Framework）ではWell-being（個人的・社会的により良く幸せに生きること＝自ら主体的に目標を設定し、振り返りながら、責任ある行動がとれる力を身に付けることの重要性）として提唱されています。

　「学びに向かう力　人間性等」とWell-beingとは、これからの学校教育で育成すべき資質・能力のベクトルが同じ方向性を示していることが理解できます。

　世界潮流としての資質・能力（学力）観が、これまで重視してきたコンテンツ・ベース（知識や内容を基盤とする）の学力のみでなく、コンピテンシー・ベース（思考力・判断力・表現力等を基盤とする）の学力の両方を重視する方向に、大きく転換しようとしている状況があります。

　資質・能力（学力）観の転換に合わせ、学習評価もこれまでの習得量と再生の正確性から、大きく変わろうとしています。先にも述べていますが、学習評価は、これまでのEvaluation（値踏み）から、Assessment（支援）に転換しました。

　目標に準拠した評価が求める学習評価は、一人一人の生徒の資質・能力の育成に向けたAssessmentとしての学習評価を行うためのものです。

(2) 評価規準の設定

　目標に準拠した評価の対象は、学習指導要領国語の「2内容」の指導「事項」に、各科目で示されています。各高等学校においては、学校や生徒の実態に合わせて観点別学習状況の評価の評価内容を設定する必要があります。

　平成31年通知の「4. 学習評価の円滑な実施に向けた取組について」では、各学校において、学習評価の妥当性や信頼性を高める具体的な取組を行うことを、次のように求めています（p.5）。

(1)　各学校においては、教師の勤務負担軽減を図りながら学習評価の妥当性や信頼性が高められるよう、学校全体としての組織的かつ計画的な取組を行うことが重要であること。具体的には、例えば以下の取組が考えられること。

- 評価規準や評価方法を事前に教師同士で検討し明確化することや評価に関する実践事例を蓄積し共有すること。
- 評価結果の検討等を通じて評価に関する教師の力量の向上を図ること。
- 教務主任や研究主任を中心として学年会や教科等部会等の校内組織を活用すること。

授業の中での学習評価について、平成31年通知では、以下の取組を求めています(p.5)。

(2)　学習評価については、日々の授業の中で児童生徒の学習状況を適宜把握して指導の改善に生かすことに重点を置くことが重要であること。したがって観点別学習状況の評価の記録に用いる評価については、毎回の授業ではなく原則として単元や題材など内容や時間のまとまりごとに、それぞれの実現状況を把握できる段階で行うなど、その場面を精選することが重要であること。

観点別学習状況に加え、各教科の評定についても、学習指導要領に示す基礎的・基本的な内容の確実な習得を図るなどの観点から、学習指導要領に示す目標に照らしてその実現状況を評価することに改められました。

平成31年通知では、観点別学習状況の評価を、以下のA・B・Cで示すことを求めています（p.3）。

各教科・科目の目標に基づき、学校が生徒や地域の実態に即して定めた当該教科・科目の目標や内容に照らして、その実現状況を観点ごとに評価し記入する。その際、「十分満足できる」状況と判断されるものをA、「おおむね満足できる」状況と判断されるものをB、「努力を要する」状況と判断されるものをCのように区別して評価を記入する。

観点別学習状況のA・B・Cによって示された評価を、昭和24（1949）年以降に用いられていた、集団に準拠した評価（相対評価）で示されていた5・4・3・2・1の点数化された段階の評価と混同し、A・B・Cも段階とする誤解があります。

観点別学習状況の評価は、学習指導要領に示されている「2内容」の指導「事項」を評価規準としており、「おおむね満足できる」状況（B）と判断する状況を実現することが規準となります。Bに実現を図ることが、基礎・基本が身に付いた、ことになります。

目標に準拠した評価としての観点別学習状況の評価は、集団に準拠した評価としての

5段階相対評価と異なり、観点別学習状況の評価のA・B・Cは、学習評価の段階を示していないことを確認することが大変重要です。

「おおむね満足できる」状況（B）と判断した生徒のうち、さらに質的な高まりや深まりとして、学習指導要領の「2内容」の指導「事項」を、状況に応じてさまざまに「使える」生徒は、「十分満足でき る」状況（A）と判断し記録します。「努力を要する」状況（C）にあると判断した生徒がいる場合には、評価の記録をするとともに、その生徒が「おおむね満足できる」状況（B）を実現するために教師は具体的な手立てを行い、「おおむね満足できる」状況（B）に実現を図るよう、指導を行わなければなりません。

観点別学習状況の評価は、授業を通して育成すべき資質・能力であり、はじめから到達目標として示されてはいません。学習指導要領の「2内容」の指導「事項」に示されているのは、「おおむね満足できる」状況（B）としての規準だけです。学習指導要領には、「十分満足できる」状況（A）は、示されていません。したがって、「おおむね満足できる」状況（B）と判断した生徒のうち、学習指導要領の「2内容」の指導「事項」を、状況に応じてさまざまに「使える」生徒は、「十分満足できる」状況（A）と判断することになります。また、「十分満足できる」状況（A）には、さまざまな状況が認められ、上限の到達点がないため「青天井」と言うことになります。

授業の初めに「十分満足できる」状況（A）の規準を示すことは、学習指導要領には、示されていない規準を、勝手に創ることになります。授業を行う前から、学習指導要領に示されていない「十分満足できる」状況（A）の規準を示すことは、あり得ません。

教師が想定する規準を超えたものを（A）とすることは、学習指導要領の「2内容」に示された指導「事項」を（B）を規準として、「学習指導要領の『2内容』の指導『事項』を、状況に応じてさまざまに「使える」（A）では無く、教師が想定するかしないか、というそれぞれの教師に評価規準が委ねられた学習評価となり、主観的な認定評価となってしまい、本来の観点別学習状況の評価とは、本質的に異なる学習評価となります。

学習指導要領に基づく学習評価は、教師の想定を超えるパフォーマンスから生徒の姿を捉え「充分満足できる」（A）の状況として学習評価とするのではなく、資質・能力の育成を（B）規準として実現しているか、という観点から学習評価することを求めています。したがって、（A）規準を示すことは、今回の学習指導要領に基づく学習評価とは、異なる趣旨の学習評価となります。

「知識・技能」、「思考・判断・表現」、「主体的に学習に取り組む態度」の各観点の関係は、平成31年報告には、以下のように示されています（pp.12-13）。

仮に、単元末や学期末、学年末の結果として算出された評価の結果が「知識・技能」、「思考・判断・表現」、「主体的に学習に取り組む態度」の各観点について、「CCA」や「AAC」といったばらつきのあるものとなった場合には、児童生徒の実態や教師の授業の在り方などそのばらつきの原因を検討し、必要に応じて、児童生徒への支援

を行い、児童生徒の学習や教師の指導の改善を図るなど速やかな対応が求められる。

　国語においては、学習指導要領国語の「2内容」の指導「事項」を用いて、「知識・技能」「思考・判断・表現」「主体的に学習に取り組む態度」の3観点のそれぞれについて、各単元で学習評価の対象を「単元の評価規準」として設定することになります。

　国語では、これまで教科書教材を基に、各単元で育成する資質・能力の評価規準が設定されてきましたが、これからは、先に教材ありきではなく、育成すべき国語の資質・能力を設定した上で、その育成を図るために適切な教材を選定することが求められます。これまでにも「教材を学ぶ」ではなく、「教材で学ぶ」ことが言われてきましたが、育成すべき資質・能力を基にした授業づくりによって、その実現を図ることが可能になります。

(3) 観点別学習状況の評価以外の学習評価について

　自己評価、相互評価は、メタ認知を行うためには、意味ある学習活動です。中央教育審議会初等中等教育分科会教育課程部会「児童生徒の学習評価の在り方について（報告）」（平成22年3月24日、p.12）には、次のように示されています。

　○　なお、児童生徒が行う自己評価や相互評価は、児童生徒の学習活動であり、教師が行う評価活動ではないが、児童生徒が自身のよい点や可能性について気付くことを通じ、主体的に学ぶ意欲を高めること等学習の在り方を改善していくことに役立つことから、積極的に取り組んでいくことも重要である。

　自己評価、相互評価は、それのみを持って学習評価とするのではなく、学習活動を通して自分自身を意味付けたり価値付けたりする活動として重要となります。

　高等学校においては、近年、観点別学習状況の評価では無く、ルーブリックを用いた学習評価も行われています。

　平成30（2018）年告示に基づく学習評価は、観点別学習状況の評価の「おおむね満足できる」状況（B）の実現を図るための評価であり、「十分満足できる」状況（A）は、生徒一人一人を対象としたさまざまな学習状況を評価する、しなやかな学習評価であるとも言えましょう。

　一方、ルーブリックによる学習評価は、各単元の学習の具体を個別の課題ごとに、段階別の評価基準を示すことになります。ルーブリックの評価基準として作成されたものの中に、一般的な評価基準を示したものがありますが、ルーブリックでは、個別の課題ごとの具体の現れを評価基準としており、一般的な表現として示される評価基準は、ルーブリックとして本質的に異なることに留意する必要があります。

　ルーブリックでは、個別の課題ごとに評価基準の具体が段階として示されているため、評価基準に適合しない場合は、評価ができなくなることもあります。

　個別の課題ごとの評価基準の具体は、授業を行う一人一人の教師が作成するので、教師によって評価基準が異なることになります。授業での課題が異なれば、課題ごとにルーブリックの作成を行わなければならなくなり、授業担当の教師の個人的な評価基準を示すことになります。したがって、ルーブリックは、カリキュラム・マネジメントによって学校全体で学習評価を考えることの対極にある学習評価と言えましょう。

　ルーブリックを用いての学習評価は、量的な学習評価であり、質的な資質・能力の育成を図る目標に準拠した評価とは、異なる趣旨の学習評価です。

(4)▶評定

　平成31年通知・別紙3「高等学校及び特別支援学校高等部の指導要録に記載する事項等」には、各教科・科目の評定について、以下のように示しています（p.4）。

　　各教科・科目の目標に基づき、学校が生徒や地域の実態に即して定めた当該教科・科目の目標や内容に照らし、その実現状況を総括的に評価して、「十分満足できるもののうち、特に程度が高い」状況と判断されるものを5、「十分満足できる」状況と判断されるものを4、「おおむね満足できる」状況と判断されるものを3、「努力を要する」状況と判断されるものを2、「努力を要すると判断されるもののうち、特に程度が低い」状況と判断されるものを1のように区別して評価を記入する。

　　評定に当たっては、評定は各教科・科目の学習の状況を総括的に評価するものであり、「(1) 観点別学習状況」において掲げられた観点は、分析的な評価を行うものとして、各教科・科目の評定を行う場合において基本的な要素となるものであることに十分留意する。その際、評定の適切な決定方法等については、各学校において定める。

　各科目の各単元で行った観点別学習状況の評価の実現状況を総括して、評定とします。ただし、観点別学習状況の評価にはなじまず、観点別学習状況の評価や評定には示しきれない生徒一人一人のよい点や可能性、進歩の状況については、生徒が学習したことの意義や価値を実感できるよう、日々の教育活動等の中で生徒に伝えることが重要です。また、個人内評価として指導要録への記載をすることも求められます。

　評定には、評定を行うことのみが目的ではなく、各教科等における生徒一人一人の進歩の状況や教科・科目の目標の実現状況を的確に把握し、学習指導の改善に生かすことが期待されているのです。

(5)▶評定の具体

　観点別学習状況の評価の評定は、指導要録に「各教科の学習の記録」にある総括としての評価をもとに、高等学校では5段階で表します。しかし、実際には質的な評価としての目標に準拠した評価を、量的な評定とすることは、無理があることを承知しておく

　ことも必要です。

　評定を具体的に行うには、次のような考え方もできます。

　下記の「【現代の国語】の学習の記録」を、一人一人の生徒用に個票として用いることにより、年間で指導した単元ごとに観点別学習状況の評価「知識・技能」「思考・判断・表現」「主体的に学習に取り組む態度」の評価を、この個票に書き入れておきます。

| 第1学年国語科【現代の国語】学習の記録 | | | | | 1年〇組〇〇番　氏名【　　　　　　】 | | |
時期	単元名	時間数	単元の目標	単元の評価規準	学習活動	具体の評価方法	評価
			知識及び技能	知識・技能			
			思考力, 判断力, 表現力等	思考, 判断, 表現			
				主体的に学習に取り組む態度			
			知識及び技能	知識・技能			
			思考力, 判断力, 表現力等	思考, 判断, 表現			
				主体的に学習に取り組む態度			
			知識及び技能	知識・技能			
			思考力, 判断力, 表現力等	思考, 判断, 表現			
				主体的に学習に取り組む態度			
			知識及び技能	知識・技能			
			思考力, 判断力, 表現力等	思考, 判断, 表現			
				主体的に学習に取り組む態度			
			知識及び技能	知識・技能			
			思考力, 判断力, 表現力等	思考, 判断, 表現			
				主体的に学習に取り組む態度			

©髙木展郎

観点別学習状況の評価の総括

知識・技能	
思考・判断・表現	
主体的に学習に取り組む態度	

評　定

　上記の学習の記録（個票）は、【現代の国語】の年間指導計画で示してある内容と相関があります。表計算ソフト等によりリンクを図れるようにしておくと、比較的簡単に作成することが可能です。

　「学習の記録」の単元ごとに、単元の学習指導の終了時に「知識・技能」「思考・判断・表現」「主体的に学習に取り組む態度」のそれぞれの評価を行っておきます。年度の終わりには、「学習の記録」の「評価」欄に記入が行われています。

　観点別学習状況の評価の総括は、次のように行います。

　年間で行った各単元の「知識・技能」「思考・判断・表現」「主体的に学習に取り組む態度」の学習評価それぞれの項目について、

　　例えば、

　　　・総ての評価がAまたはBで、半数以上がAのもの＝A

　　　・Cの数が全体の三分の二を超えるもの＝C

　　　・上記以外のもの＝B

　とします。

　さらに、観点別学習状況の評価の総括として記入した A・B・C に、以下のような配点をします。観点別学習状況の評価の観点「知識・技能」「思考・判断・表現」「主体的に学習に取り組む態度」のそれぞれについては、観点についての重み付けはせずに均等に学習評価を行います。

　　　　　知識・技能：A=3 点、B=2 点、C=1 点

　　　　　思考・判断・表現：A=3 点、B=2 点、C=1 点

　　　　　主体的に学習に取り組む態度：A=3 点、B=2 点、C=1 点

　上記の結果を合計し点数でカッティング指標として点数化します。

　例えば、

　　9 点 = 5、8 点と 7 点 = 4、6 点と 5 点 = 3、4 点 = 2、3 点 = 1

　上記のようにすると、評定を行うことができます。この学習の記録（個票）を使用する学習評価では、各単元の学習の終了時に、3 観点の観点別学習状況の評価が行われていることになります。

　この学習の記録（個票）を使用することにより、これまでの定期試験を行うことのみでなく、授業中における学習評価が可能になります。「何を学ぶか」「どのように学ぶか」「何が身についたか」の具体が評価しやすくなります。

　各単元で育成する資質・能力は、それぞれの単元で異なります。年間で学習する総ての単元の学習内容とそこで身に付ける資質・能力の具体的な内容が、この学習の記録（個票）によって、総て明らかになります。年間の科目の学習を振り返り、どの単元での学習が優れていたか、今少し学ばなければならないのか、と言うことも一目瞭然と分かることになります。

　上記の学習の記録（個票）による学習評価は、一つの提案ですので、評定の適切な決定方法等については、各学校において定めることが求められています。

生徒を主語にした授業づくり

〜「学びのプラン」という考え方〜

　授業は生徒のために行うということは、教師としては誰もが思い、考えていることです。

　授業を行うにあたり、教師は、事前に授業のための準備をしています。国語の授業づくりでは、授業で取り上げる素材文の内容の解釈や、それを生徒に理解できるように、どのように教えるかを、事前の教材研究として行ってきているのではないでしょうか。

　授業づくりでは、目の前の授業のみではなく、高等学校三年間で、生徒に資質・能力（学力）を育成するために、意図的・計画的な準備をします。それがカリキュラム・マネジメントです。カリキュラム・マネジメントは、教師の視点からのものであり、「何を学ばせるか」「どのように学ばせるか」「何をできるようにするか」が問われます。

　授業は、これまで「教師が教え、生徒が学ぶ」というパラダイムの中で展開されてきているのではないでしょうか。授業の主語を生徒におくためには、この授業パラダイムの転換を図ることが求められます。教師の視点での授業づくりから、生徒の視点での授業づくりへと、視座の転換を図ることが必要となります。生徒の視座から授業を通して「何を学ぶか」「どのように学ぶか」「何ができるようになるか」が問われることになります。

　生徒を主語にした授業づくりを考えると、これまで、あたりまえとしてきた教師の視座からの「学習指導案」ではなく、学び手としての生徒の視座からの「学びのプラン」が重要になります。

　これまで授業づくりの柱としてきた「学習指導案」は必要がなくなり、生徒が学ぶための柱としての「学びのプラン」が必要となります。既に、「学習指導案」を作らずに、「学びのプラン」を生徒に示すことで、授業を行っている学校もあります。

　「学びのプラン」は、授業を行う教師が作成します。そこで求められるのは、授業の主語としての生徒の学びのプロセスを、教師が生徒の立場や見方・考え方に立って、シミュレーションすることです。このことは、これまでの学習指導案の作成でも行われてきていることですが、これまで以上に生徒の視座に寄り添い、生徒一人一人がそれぞれの個性に合わせて資質・能力の育成を図ることができるようにすることが求められます。教師が教えるという視座から、生徒が学ぶという視座への転換を図ることが重要となります。

　「学びのプラン」を生徒が用いることにより、生徒一人一人が学びの見通しと、授業を通して身につける資質・能力の内容を理解した上で、授業に臨むことになります。さらに、授業を通して身につけた資質・能力を授業の振り返りを行うことにより、自らの学習の実現状況を自覚し、価値づけるすることになります。

📖 参考資料

1　国語の年間指導計画
2　学習の記録（個表）
3　学校のグランドデザイン
4　国語のグランドデザイン
5　国語のグランドデザインの評価
6　学習指導案
7　学びのプラン＜例1＞
8　学びのプラン＜例2＞
9　高等学校国語・内容の取扱い表
10　高等学校国語　各科目の目標及び内容【観点別評価内容】

11　「小学校、中学校、高等学校及び特別支援学校等における児童生徒の学習評価及び
　　指導要録の改善等について（通知）」（平成31年3月29日）＜抜粋＞

■上記資料「1～10」のデータについて

　下記のアドレスもしくはQRコードからウェブサイトにアクセスして、表などのデータ（ワード版）を入手し、利活用をしてください。

　データを開く際にはパスワードの入力が必要となります。下記のパスワードをご入力ください。

＜パスワード＞　t65irs9y3

＜URL＞

https://tb.sanseido-publ.co.jp/wp-sanseido/wp-content/uploads/2021/10/
hyokanotebiki_document.zip

1　国語の年間指導計画

「国語」の年間指導計画

時期(月)(週)	単元名	指導時間数 全体の指導時数	話すこと・聞くこと	書くこと	読むこと	単元の目標	単元の評価規準	評価方法	学習活動	教材名	学習指導要領「2内容」「思考・判断・表現」(2)の言語活動例	教科等横断的な視点に立った資質・能力の育成に関わる他の教科等との関連等を示す。
	「単元名」には、教材名ではなく、この単元で主として育成すべき資質・能力の内容を示す。					学習指導要領「国語」に示されている「2内容」の指導「事項」から、当該単元の学習で育成を目指す「事項」を選択して転記する。<コピー&ペースト>	「単元の目標」として取り上げた指導「事項」を、具体的な「単元の評価規準」としてて示す。①と②について「単元の目標の目標をコピー＆ペーストして、文末表現を「～している」とする。③は生徒の実態に合わせて作成する。文末表現は「～しようとしている」とする。	評価方法は、行動や記述を、①観察・点検 ②確認 ③分析 から評価	この年間指導計画で示す学習活動は、単元全体の中での主たるものとする。この「学習活動」の欄には、「単元の評価規準」に示した「①知識・技能」「②思考・判断・表現」「③主体的に学習に取り組む態度」で育成すべき資質・能力的な活動を評価するための具体的な活動を数行って示す。	この単元で用いる具体的な教材名を示す。	学習指導要領「2内容」「思考・判断・表現」(2)の言語活動例における具体的な言語活動を取り上げ、記述する。	教科等横断的な視点に立った資質・能力の育成に関わる他の教科等との関連等を示す。
4月上旬						(1) 知識及び技能 (2) 思考力、判断力、表現力等 (3)	① 知識・技能 ② 思考・判断・表現 ③ 主体的に学習に取り組む態度					
4月中旬						(1) 知識及び技能 (2) 思考力、判断力、表現力等 (3)	① 知識・技能 ② 思考・判断・表現 ③ 主体的に学習に取り組む態度					
3月下旬						(1) 知識及び技能 (2) 思考力、判断力、表現力等 (3)	① 知識・技能 ② 思考・判断・表現 ③ 主体的に学習に取り組む態度					
指導時数の合計												

2　学習の記録（個表）

第1学年国語科【現代の国語】学習の記録　　1年○組○○番　氏名【　　　　】

時期	時間数	単元名	単元の目標	単元の評価規準	学習活動	具体の評価方法	評価
			(1) 知識及び技能	① 知識・技能			
			(2) 思考力、判断力、表現力等	② 思考、判断、表現			
			(3)	③ 主体的に学習に取り組む態度			
			(1) 知識及び技能	① 知識・技能			
			(2) 思考力、判断力、表現力等	② 思考、判断、表現			
			(3)	③ 主体的に学習に取り組む態度			
			(1) 知識及び技能	① 知識・技能			
			(2) 思考力、判断力、表現力等	② 思考、判断、表現			
			(3)	③ 主体的に学習に取り組む態度			
			(1) 知識及び技能	① 知識・技能			
			(2) 思考力、判断力、表現力等	② 思考、判断、表現			
			(3)	③ 主体的に学習に取り組む態度			

観点別学習状況の評価の総括

知識・技能	思考・判断・表現	主体的に学習に取り組む態度

評定　[　　]

3　学校のグランドデザイン

【学校のグランドデザイン】

「学校教育目標」と「令和〇年度重点目標」に向けて

豊かな人間性	健康・体力

資質・能力の育成

何ができるようになるか 〇学校教育の基本	⟷	何が身に付いたか 〇学習評価を通じた学習指導の改善

生徒の実態	生徒の発達をどのように支援するか 〇配慮を必要とする生徒への指導	目指す生徒の姿

何を学ぶか 〇教育課程の編成	どのように学ぶか 〇教育課程の実施

実施するために何が必要か 〇指導体制の充実、家庭・地域との連携・協働

安心・安全を守る	開かれた学校作り

4 国語のグランドデザイン

【国語のグランドデザイン】

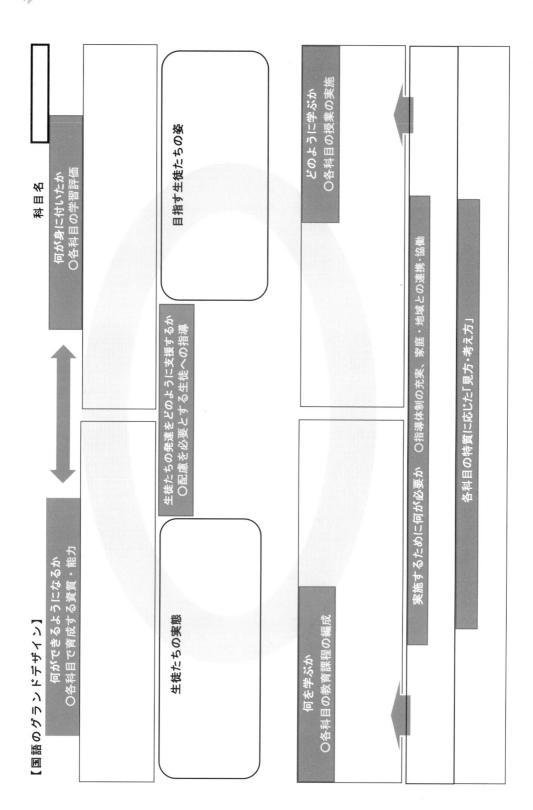

科目名

何が身に付いたか
○各科目の学習評価

目指す生徒たちの姿

生徒たちの発達をどのように支援するか
○配慮を必要とする生徒への指導

どのように学ぶか
○各科目の授業の実施

何ができるようになるか
○各科目で育成する資質・能力

生徒たちの実態

何を学ぶか
○各科目の教育課程の編成

実施するために何が必要か　○指導体制の充実、家庭・地域との連携・協働

各科目の特質に応じた「見方・考え方」

5 国語のグランドデザインの評価

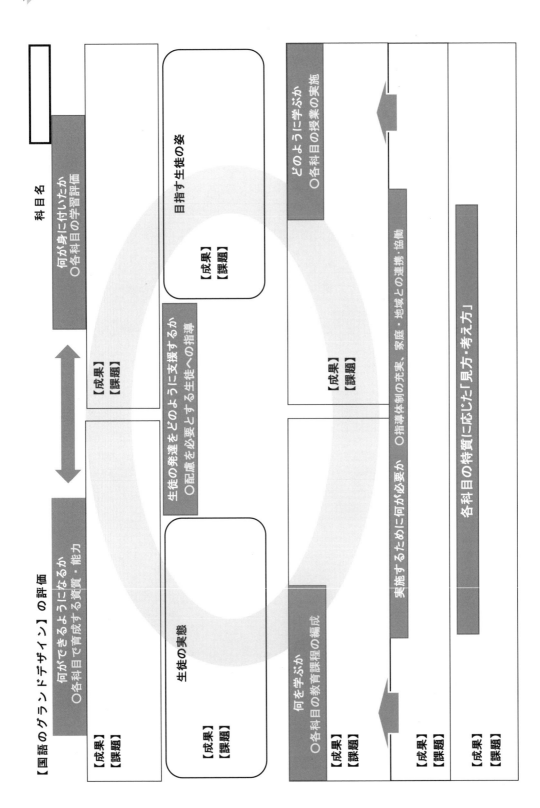

【国語のグランドデザインの評価】

科目名

何が身に付いたか
〇各科目の学習評価

【成果】
【課題】

目指す生徒の姿

【成果】
【課題】

生徒の発達をどのように支援するか
〇配慮を必要とする生徒への指導

【成果】
【課題】

何ができるようになるか
〇各科目で育成する資質・能力

【成果】
【課題】

生徒の実態

【成果】
【課題】

何を学ぶか
〇各科目の教育課程の編成

【成果】
【課題】

どのように学ぶか
〇各科目の授業の実施

【成果】
【課題】

実施するために何が必要か　〇指導体制の充実、家庭・地域との連携・協働

【成果】
【課題】

各科目の特質に応じた「見方・考え方」

【成果】
【課題】

6 学習指導案

国語科　第○学年　学習指導案

1　単元名

2　単元の目標

知識及び技能	思考力，判断力，表現力等	学びに向かう力　人間性等

　本単元で取り上げる言語活動

3　単元の評価規準

知識・技能	思考・判断・表現	主体的に学習に取り組む態度

4　単元の指導と評価の計画

次	時	具体の評価規準と評価方法	学習活動
第一次	1		
第二次	2		
	3		
第三次	4		

7 学びのプラン＜例１＞

学びのプラン＜例１＞

１．単元名

２．単元の目標

３．単元で学習する内容

月日			単元を通して身に付けたい 資質・能力と評価の方法	学習の内容
第一次	1・2			
第二次	3・4・5・6			
第三次	7・8			
第四次	9・10			

学びのプラン<例２>

学びのプラン<例２>

1　単元名

2　単元で身に付けたい資質・能力

知識・技能	思考・判断・表現	主体的に学習に取り組む態度

3　単元で学習する内容

月日	次	時	単元を通して身に付けたい 資質・能力と評価の方法	学習の内容
	第一次	1		
		2		
			この学習での振り返り（「身に付けたい資質・能力」の①について）	
	第二次	3		
			この学習での振り返り（「身に付けたい資質・能力」の②について）	
	第三次	4		
			この学習での振り返り（「身に付けたい資質・能力」の③について）	

9　高等学校国語・内容の取扱い表

	指導時数	内容の〔思考力・判断力・表現力等〕に関する事項	〔知識及び技能〕に関する配慮事項
現代の国語	【話すこと・聞くこと】 20〜30単位時間程度 【書くこと】 30〜40単位時間程度 【読むこと】 10〜20単位時間程度	「C読むこと」の教材は、現代の社会生活に必要とされる論理的な文章及び実用的な文章とすること。	ア　「A話すこと・聞くこと」に関する指導については、必要に応じて、口語のきまり、敬語の用法などを扱うこと。 イ　「B書くこと」に関する指導については、中学校国語科の書写との関連を図り、効果的に文字を書く機会を設けること。
言語文化	【書くこと】 5〜10単位時間程度 【読むこと】 <古典>40〜45単位時間程度 【読むこと】 <近代以降>20単位時間程度	「B読むこと」の古典に関する指導については、古典における古文と漢文の割合は、一方に偏らないようにすること。その際、古典について解説した近代以降の文章を活用するなど指導を工夫すること。 「B読むこと」の近代以降の文章に関する指導については、我が国の伝統と文化や古典に関連する文章などを活用し、我が国の言語文化への理解を深めるよう指導を工夫すること。	ア　「B読むこと」に関する指導については、古典を読むことに関して、古典や近代以降の文章を書写する機会を設けること。 イ　「B読むこと」に関する指導については、文章を読み深めるため、音読、朗読、暗唱などを取り入れること。
論理国語	【書くこと】 50〜60単位時間程度 【読むこと】 80〜90単位時間程度	「B読むこと」の教材は、近代以降の論理的な文章及び現代の社会生活に必要とされる実用的な文章とすること。また、必要に応じて、翻訳の文章や古典における論理的な文章などを用いることができること。	ア　「B読むこと」に関する指導については、近代以降の文章の変遷を扱うこと。
文学国語	【書くこと】 30〜40単位時間程度 【読むこと】 100〜110単位時間程度	「B読むこと」の教材は、近代以降の文学的な文章とすること。また、必要に応じて、翻訳の文章、近代以降の文語文、演劇や映画の作品及び文学などについての評論文などを用いることができること。	ア　「B読むこと」に関する指導については、近代以降の文章の変遷を扱うこと。
国語表現	【話すこと・聞くこと】 40〜50単位時間程度 【書くこと】 90〜100単位時間程度	「A話すこと・聞くこと」の教材は、必要に応じて、音声や画像の資料などを用いることができること。	ア　「A話すこと・聞くこと」に関する指導については、必要に応じて、話す速度や音量、発声や発音の仕方などを扱うこと。 イ　「B書くこと」に関する指導については、文章の形式などを扱うこと。
古典探究	【読むこと】 140単位時間	「A読むこと」の教材は、古典としての古文及び漢文とし、日本漢文を含めるとともに、論理的な文章や古典における論理的な文章を取り上げること。また、必要に応じて、近代以降の文語文や漢詩文、古典についての評論文などを用いることができること。	ア　古文及び漢文の両方を取り上げるものとし、一方に偏らないようにすること。また、必要に応じて、古典を読み深めるため、音読、朗読、暗唱などを取り入れること。 イ　古典を読むことに応じて、文章の形式などを扱うこと。 ウ　古典を読むことに応じて、古典の変遷を扱うこと。

10 高等学校国語　各科目の目標及び内容【観点別評価内容】

◆現代の国語

（1）現代の国語　【話すこと・聞くこと】20〜30単位時間程度　【書くこと】30〜40単位時間程度　【読むこと】10〜20単位時間程度

知識及び技能	思考力、判断力、表現力等　　事項	言語活動例
【言葉の特徴や使い方に関する事項】 ア　言葉には、認識や思考を支える働きがあることを理解すること。 イ　話し言葉と書き言葉の特徴や役割、表現の特色や構成、正確さ、分かりやすさ、適切さ、敬意と親しさなどに配慮した表現や言葉遣いを工夫すること。 ウ　常用漢字の読みに慣れ、主な常用漢字を書き、文や文章の中で使うこと。 エ　実社会において理解したり表現したりするために必要な語句の量を増し、語句や語彙の構造や特色、用法及び表記の仕方などを理解し、話や文章の中で使うことを通して、語感を磨き語彙を豊かにすること。 オ　文、話、文章の効果的な組立て方や接続の仕方について理解すること。 カ　比喩、例示、言い換えなどの修辞や、直接的な述べ方や婉曲的な述べ方について理解し使うこと。 【情報の扱い方に関する事項】 ア　主張と論拠など情報と情報との関係について理解すること。 イ　個別の情報と一般化された情報との関係について理解すること。 ウ　推論の仕方を理解し使うこと。 エ　情報の妥当性や信頼性の吟味の仕方について理解を深め使うこと。 【我が国の言語文化に関する事項】 ア　実社会との関わりを考えるための読書の意義と効用について理解を深めること。	A　話すこと・聞くこと ア　目的や場に応じて、実社会の中から適切な話題を決め、様々な観点から情報を収集、整理して、伝え合う内容を検討すること。 イ　自分の考えが的確に伝わるよう、自分の立場や考えを明確にするとともに、相手の反応を予想して論理の展開を考えるなど、話の構成や展開を工夫すること。 ウ　話し言葉の特徴を踏まえて話したり、場の状況に応じて資料や機器を効果的に用いたりするなど、相手の理解が得られるように表現を工夫すること。 エ　論理の展開を予想しながら聞き、話の内容や構成、論理の展開、表現の仕方を評価するとともに、聞き取った情報を整理して自分の考えを広げたり深めたりすること。 オ　論点を共有し、考えを広げたり深めたりしながら、話し合いの目的、種類、状況に応じて、表現を工夫して話し合う内容の出し方や話し合いの仕方や進行などの仕方を工夫すること。 B　書くこと ア　目的や意図に応じて、実社会の中から適切な題材を決め、集めた材料の妥当性や信頼性を吟味して、伝えたいことを明確にすること。 イ　読み手の理解が得られるよう、論理の展開、情報の分量や重要度などを考えて、文章の構成や展開を工夫すること。 ウ　自分の考えや事柄が的確に伝わるよう、根拠の示し方や説明の仕方を考えるとともに、文体、語句などの表現の仕方を工夫すること。 エ　目的や意図に応じて書かれているかなどを確かめて、文章全体を整えたり、読み手からの助言などを踏まえて、自分の文章の特長や課題を捉え直したりすること。 C　読むこと ア　文章の種類を踏まえて、内容や構成、論理の展開などを的確に捉え、要旨や要点を把握すること。 イ　目的に応じて、文章や図表などに含まれている情報を相互に関係付けて、内容や書き手の意図を解釈したり、文章の構成や論理の展開などについて評価したりするとともに、自分の考えを深めること。	A　話すこと・聞くこと ア　自分の考えについてスピーチをしたり、それを聞いて、同意したり、質問したりする活動や、それらを踏まえて反論する活動。 イ　報告や連絡、案内などのために、資料に基づいて必要な事柄を話したり、それらを聞いて、質問したり批評したりする活動。 ウ　話合いの目的に応じて結論を得たり、多様な考えを引き出したりするための議論や討論を、他の議論や討論の記録などを参考にしながら行う活動。 エ　集めた情報を資料にまとめ、聴衆に対して発表する活動。 B　書くこと ア　論理的な文章や実用的な文章を読み、本文や資料を引用しながら、自分の意見や考えを論述する活動。 イ　読み手が必要とする情報に応じて手順書や紹介文などを書いたり、書式を踏まえて案内文や通知文などを書いたりする活動。 ウ　調べたことを整理して、報告書や説明資料などにまとめる活動。 C　読むこと ア　論理的な文章や実用的な文章を読み、図表や写真などの形式で書かれた複数の文章や、その内容や形式について、引用や要約などをしながら論述したり批評したりする活動。 イ　異なる形式で書かれた複数の文章や、図表等を伴う文章を読み、理解したことや解釈したことをまとめて発表したり、他の形式の文章に書き換えたりする活動。

◆言語文化

知識及び技能	思考力、判断力、表現力等 事項	言語活動例
(2)言語文化　【書くこと】5〜10単位時間程度　【読むこと】<古典>40〜45単位時間程度　【読むこと】<近代以降>20単位時間程度		
【言葉の特徴や使い方に関する事項】 ア　言葉には、文化の継承、発展、創造を支える働きがあることを理解すること。 イ　常用漢字の読みに慣れ、主な常用漢字を書き、文や文章の中で使うこと。 ウ　我が国の言語文化に特徴的な語句の量を増し、それらの文化的背景について理解を深め、文章の中で使うことを通して、語感を磨き語彙を豊かにすること。 エ　文章の意味は、文脈の中で形成されることを理解すること。 オ　本歌取りや見立てなどの我が国の言語文化に特徴的な表現の技法とその効果について理解すること。 **【我が国の言語文化に関する事項】** ア　我が国の言語文化の特質や我が国の文化と外国の文化との関係について理解すること。 イ　古典の世界に親しむために、作品や文章の歴史的・文化的背景などを理解すること。 ウ　古典の世界に親しむために、古典を読むために必要な文語のきまりや、古典特有の表現などについて理解すること。 エ　時間の経過や地域の文化の特徴などによる文字や言葉の変化について理解を深め、古典の言葉と現代の言葉とのつながりについて理解すること。 オ　言文一致体や和漢混淆文など歴史的な文体の変化について、我が国の言語文化への理解につながる読みに生かすこと。 カ　我が国の言語文化を形成してきた読書の意義と効用について理解を深めること。	**A　書くこと** ア　自分の知識や体験の中から適切な題材を決め、集めた材料のよさや味わいを吟味して、表現したいことを明確にすること。 イ　自分の体験や思いが効果的に伝わるよう、文章の種類、構成、展開や、文体、描写、語句などの表現の仕方を工夫すること。 **B　読むこと** ア　文章の種類を踏まえて、内容や構成、展開などについて叙述を基に的確に捉えること。 イ　作品や文章に表れているものの見方、感じ方、考え方を捉え、内容を解釈すること。 ウ　文章の構成や展開、表現の特色について評価すること。 エ　作品や文章の成立した背景や他の作品などとの関係を踏まえ、内容の解釈を深めること。 オ　作品や文章を読んで、自分のものの見方、感じ方、考え方を深め、我が国の言語文化について自分の考えをもつこと。	**A　書くこと** ア　本歌取りや折句などを用いて、感じたことや発見したことを短歌や俳句で表したり、伝統行事や風物詩などの文化に関する題材を選んで、随筆などを書いたりする活動。 **B　読むこと** ア　我が国の伝統や文化について書かれた解説や評論、随筆などを読み、我が国の言語文化について論述したり発表したりする活動。 イ　作品の内容や形式について、批評したり議論したりする活動。 ウ　異なる時代に成立した随筆や小説、物語などを読み比べ、それらを比較して論じたり批評したりする活動。 エ　和歌や俳句などを読み、書き換えたり、テーマを立ててまとめたりすることなどを通して、互いの解釈の違いについて話し合ったりする活動。 オ　古典から受け継がれてきた詩歌や芸能の題材、内容、表現の技法などについて調べ、その成果を発表したり文章にまとめたりする活動。

◆論理国語

(3) 論理国語

知識及び技能	事　項	言語活動例
【書くこと】50〜60 単位時間程度　【読むこと】80〜90 単位時間程度	思考力、判断力、表現力等	
【言葉の特徴や使い方に関する事項】 ア 言葉には、言葉そのものを認識したり説明したりすることを可能にする働きがあることを理解すること。 イ 論証したり学術的な学習の基礎を学んだりするために必要な語句の量を増し、文章の中で使うことを通して、語感を磨き語彙を豊かにすること。 ウ 文や文章の効果的な組立て方や接続の仕方について理解を深めること。 エ 文章の種類に基づく効果的な段落の構造や文章の構成の仕方、論の形式など、文章の構成や展開の仕方について理解を深めること。 **【情報の扱い方に関する事項】** ア 主張とその前提や反証など情報と情報との関係について理解を深めること。 イ 情報を重要度や抽象度などによって階層化して整理する方法について理解を深めること。 ウ 推論の仕方について理解を深めること。 **【我が国の言語文化に関する事項】** ア 新たな考えの構築に資する読書の意義と効用について理解を深めること。	**A 書くこと** ア 実社会や学術的な学習の基礎に関する事柄について、書き手の立場や論点などの様々な観点から情報を収集し、整理して、目的や意図に応じた題材を決めること。 イ 情報の妥当性や信頼性を吟味しながら、自分の立場や論点を明確にして、主張を支える適切な根拠をそろえること。 ウ 立場の異なる読み手を説得するために、批判的に読まれることを想定して、効果的な文章の構成や論理の展開を工夫すること。 エ 多面的・多角的な視点から自分の考えを見直したり、根拠や論拠の妥当性を吟味したりして、主張を明確にすること。 オ 個々の文の表現の仕方や段落の構造を吟味するなど、文章全体の論理の明晰さを確かめ、自分の主張が的確に伝わる文章になるよう工夫すること。 カ 文章の構成や展開、表現の仕方などについて、自分の主張が的確に伝わるように書かれているかなどを吟味して、文章全体を整えたり、読み手からの助言などを踏まえて、自分の文章の特長や課題を捉え直したりすること。 **B 読むこと** ア 文章の種類を踏まえて、内容や構成、論理の展開などを的確に捉え、論点を明確にしながら、要旨を把握すること。 イ 主張とその前提や反証など情報と情報との関係について、文章の種類を踏まえて、内容や構成を的確に捉えること。 ウ 主張を支える根拠や結論を導く論拠を批判的に検討して内容や資料の妥当性や信頼性を吟味して内容を解釈すること。 エ 文章の構成や論理の展開、表現の仕方について、書き手の意図との関係において多面的・多角的な視点から評価すること。 オ 関連する文章や資料を基に、書き手の立場や目的を考えながら、内容の解釈を深めること。 カ 人間、社会、自然などについて、文章の内容や解釈を多様な観点から考え、新たな観点から自分の考えを深めること。 キ 設定した題材に関連する複数の文章や資料を基に、必要な情報を関係付けて自分の考えを広げたり深めたりすること。	**A 書くこと** ア 特定の資料について、様々な観点から概要をまとめたり要約をまとめたりする活動。 イ 設定した題材について、分析した内容を報告文などにまとめたり、仮説を立てて考察した内容を意見文などにまとめたりする活動。 ウ 社会的な話題について書かれた論説文やその関連資料を参考にして、自分の考えを論述する活動。 エ 設定した題材について多様な観点から資料を集め、調べたことを整理して、自分の意見や考えを論述する活動。 **B 読むこと** ア 論理的な文章や実用的な文章を読み、その内容や形式について、批評したり討論したりする活動。 イ 社会的な話題について書かれた論説文やその関連資料を読み、それらの内容を基に、自分の考えを論述したり討論したりする活動。 ウ 学術的な学習の基礎に関する事柄について書かれた短い論文を読み、自分の考えを論述したり発表したりする活動。 エ 同じ事柄について異なる論点をもつ複数の文章を読み、それらを比較して、論じられている内容を批評したりする活動。 オ 関心をもった事柄について様々な資料を調べ、その成果を発表したり報告書や短い論文などにまとめたりする活動。

◆文学国語

(4)文学国語　　【書くこと】30〜40単位時間程度　　【読むこと】100〜110単位時間程度

知識及び技能	思考力，判断力，表現力等 事項	言語活動例
【言葉の特徴や使い方に関する事項】 ア 言葉には、想像や心情を豊かにする働きがあることを理解すること。 イ 情景の豊かさや心情の機微を表す語句の量を増し、文章の中で使うことを通して、語感を磨き語彙を豊かにすること。 ウ 文学的な文章やこれに関する文章の種類や特徴などについて理解を深めること。 エ 文学的な文章における文体の特徴や修辞などの表現の技法について、体系的に理解し使うこと。 【我が国の言語文化に関する事項】 ア 文学的な文章を読むことを通して、我が国の言語文化の特質について理解を深めること。 イ 人間、社会、自然などに対するものの見方、感じ方、考え方を豊かにする読書の意義と効用について理解を深めること。	A 書くこと ア 文学的な文章を書くために、選んだ題材に応じて情報を収集、整理して、表現したいことを明確にすること。 イ 読み手の関心が得られるよう、文章の構成や修辞の働きなどを考慮して、文章の種類に応じた独創的な文章になるよう工夫すること。 ウ 文体の特徴や修辞の働きなどを考慮して、読み手を引き付ける独創的な文章になるよう工夫すること。 エ 文章の構成や展開、表現の仕方について、伝えたいことが伝わるように書き表し方を工夫すること。 オ 文章の構成や展開、表現の仕方などについて、読み手からの助言などを踏まえ、自分の文章の特長や課題を捉え直したりすること。 B 読むこと ア 文章の種類を踏まえて、内容や構成、展開、描写の仕方などを的確に捉えること。 イ 語り手の視点や場面の設定の仕方、表現の特色について評価することを通して、内容を解釈すること。 ウ 他の作品と比較するなどして、文体の特徴や効果について、解釈の多様性について考察すること。 エ 文章の構成や展開、表現の仕方を踏まえ、解釈の多様性について考察すること。 オ 作品に表れているものの見方、感じ方、考え方を捉えるとともに、作品が成立した背景や他の作品などとの関係を踏まえ、作品の解釈を深めること。 カ 作品の内容や解釈を踏まえ、人間、社会、自然などに対するものの見方、感じ方、考え方を深めること。 キ 設定した題材に関連する複数の作品などを基に、自分のものの見方、感じ方、考え方を深めること。	A 書くこと ア 自由に発想したり評論などを参考にしたりして、小説や詩歌などを創作し、批評し合う活動。 イ 登場人物の心情や情景の描写や表現の技法に注意して書き換えたり、文章を工夫してことなどを話し合ったり、文章に表現したりする活動。 ウ 古典を題材として小説を書くなど、翻案作品を創作する活動。 エ グループで同じ題材を書き継いで一つの作品をつくるなど、共同で作品制作に取り組む活動。 B 読むこと ア 作品の内容や形式について、書評を書いたり、自分の解釈や見解を基に議論したりする活動。 イ 作品の内容や形式に対する評価について、評論や解説を参考にしながら、論述したり討論したりする活動。 ウ 小説、脚本や絵本などの他の形式の作品に書き換える活動。 エ 演劇や映画の作品と原作とを比較して、批評文や紹介文などをまとめる活動。 オ テーマを立てて詩文を集め、アンソロジーを作成して発表し合い、互いに批評する活動。 カ 作品に関連のある事柄について様々な資料を調べ、その成果を発表したり論文などにまとめたりする活動。

◆国語表現

(5) 国語表現

知識及び技能 【話すこと・聞くこと】40〜50単位時間程度　　【書くこと】90〜100単位時間程度	事　項 思考力、判断力、表現力等	言語活動例
【言葉の特徴や使い方に関する事項】 ア 言葉には、自己と他者の相互理解を深める働きがあることを理解すること。 イ 話し言葉と書き言葉の特徴や役割、表現の特色について理解を深め、伝え合う目的や場面、相手、手段を理解し、相手に応じて適切な表現や言葉遣いを理解し、使い分けること。 ウ 自分の思いや考えを多彩に表現するために必要な語句の量を増し、話や文章の中で使うことを通して、語感を磨き語彙を豊かにすること。 エ 実用的な文章などの種類や特徴、構成や展開の仕方などについて理解を深め、構成や展開の仕方などの表現の技法について理解を深め使うこと。 オ 省略や反復などの表現の技法について理解を深め使うこと。 **【我が国の言語文化に関する事項】** ア 自分の思いや考えを伝える際の言語表現を豊かにする読書の意義と効用について理解を深めること。	**A 話すこと・聞くこと** ア 目的や意図に応じて、実社会の問題や自分に関わる事柄の中から話題を決め、他者との多様な交流を想定しながら情報を収集、整理して、伝え合う内容を検討すること。 イ 自分の主張の合理性が伝わるよう、適切な根拠を効果的に示すとともに、相手の反論を想定して論理の展開を考えるなど、話の構成や展開を工夫すること。 ウ 自分の思いや考えが伝わるよう、具体例を効果的に配置するなど、話の構成や展開を工夫すること。 エ 相手の反応に応じて言葉を選んだり、場の状況に応じて資料や機器を効果的に用いたりするなど、相手の同意や共感が得られるように表現を工夫すること。 オ 論点を明確にして自分の考えと比較しながら聞き、話の内容や構成、論理の展開、表現の仕方を評価するとともに、聞き取った情報を吟味して自分の考えを広げたり深めたりすること。 カ 視点を明確にして聞きながら、話の内容に対する共感を伝えたり、自分の思いや考えを広げたり深めたりすること。 キ 互いの考えを尊重しながら、話し合いの進行や展開を助けたりするために発言を工夫したり、考えを広げたり深めたりするなど、話し合いの仕方や結論の出し方を工夫すること。 **B 書くこと** ア 目的や意図に応じて、実社会の問題や自分に関わる事柄の中から適切な題材を決め、情報の組合せなどを工夫して、伝えたいことを明確にすること。 イ 読み手の同意が得られるよう、適切な根拠を効果的に用いるとともに、反論などを想定して論理の展開を考えるなど、文章の構成や展開を工夫すること。 ウ 読み手の共感が得られるよう、適切な具体例を効果的に配置するなど、文章の構成や展開を工夫すること。 エ 自分の考えが得られるよう、文章の構成を工夫すること。 オ 自分の考えの仕方を工夫すること。 カ 読み手など、表現の仕方に対して自分の思いや考えを吟味したり、文章全体の特長を捉え直したりすること。	**A 話すこと・聞くこと** ア 聴衆に対してスピーチをしたり、面接の場で自分のことを伝えたり、それらを聞いて批評したりする活動。 イ 他者に連絡したり、紹介や依頼などをするために話をしたり、それらを聞いて批評したりする活動。 ウ 異なる世代の人や初対面の人にインタビューをしたり、報道や記録の映像などを見たり聞いたりしたことをまとめて、発表する活動。 エ 話合いの目的に応じて結論を得たり、多様な考えを引き出したりするための議論や討論を行い、その記録を基に話合いの仕方や結論の出し方について批評する活動。 オ 設定した題材について調べたことを、図表や画像なども用いながら発表資料にまとめ、聴衆に対して説明する活動。 **B 書くこと** ア 社会的な話題や自己の将来などを題材に、自分の思いや考えについて、文章の種類を選んで書く活動。 イ 文章と図表や画像などを関係付けながら、企画書や報告書などを作成する活動。 ウ 説明書や報告書などの内容を、目的に応じて再構成し、広報資料などの別の形式に書き換える活動。 エ 紹介、連絡、依頼などの実務的な手紙や電子メールを書く活動。 オ 設定した題材について多様な資料を集め、調べたことを整理して話し合ったり、自分や集団の意見を提案書などにまとめたりする活動。 カ 異なる世代の人や初対面の人にインタビューをするなどして聞いたことを、報告書などにまとめる活動。

◆古典探究

(6) 古典探究　　　　【読むこと】140 単位時間

知識及び技能	思考力、判断力、表現力等　　事項	言語活動例
【言葉の特徴や使い方に関する事項】 ア 古典に用いられている語句の意味や用法を理解し、古典を読むために必要な語句の量を増すことを通して、語感を磨き語彙を豊かにすること。 イ 古典の作品や文章の種類とその特徴について理解を深めること。 ウ 古典の文の成分の順序や照応、文章の構成や展開の仕方について理解を深めること。 エ 古典の作品や文章に表れている言葉の響きやリズム、修辞などの表現の特色について理解を深めること。 【我が国の言語文化に関する事項】 ア 古典などを読むことを通して、我が国の文化の特質や、我が国の文化と中国など外国の文化との関係について理解を深めること。 イ 古典を読むために必要な文語のきまりや訓読のきまり、古典特有の表現について理解を深めること。 ウ 時間の経過による言葉の変化や、古典が現代の言葉の成り立ちにもたらした影響について理解を深めること。 エ 先人のものの見方、感じ方、考え方に親しみ、自分のものの見方、感じ方、考え方を豊かにする読書の意義と効用について理解を深めること。	A 読むこと ア 文章の種類を踏まえて、構成や展開などを的確に捉えること。 イ 文章の種類を踏まえて、古典特有の表現に注意して内容を的確に捉えること。 ウ 必要に応じて書き手の考えや目的、意図を捉えて内容を解釈するとともに、文章の構成や展開、表現の特色について評価すること。 エ 作品の成立した背景や他の作品などとの関係を踏まえながら古典などを読み、その内容の解釈を深め、作品の価値について考察すること。 オ 古典の作品や文章について、内容や解釈を自分の知見と結び付け、考えを広げたり深めたりすること。 カ 古典の作品や文章などに表れているものの見方、感じ方、考え方を踏まえ、人間、社会、自然などに対する自分の考えを広げたり深めたりすること。 キ 関心をもった事柄に関連する様々な古典の作品や文章などを基に、自分の考えを広げたり深めたりすること。 ク 古典の作品や文章を多角的・多面的な視点から評価することを通して、我が国の言語文化について自分の考えを広げたり深めたりすること。	A 読むこと ア 古典の作品や文章を読み、その内容や形式などに関して興味をもったことや疑問に感じたことについて、調べたり発表したり議論したりする活動。 イ 同じ題材を取り上げた複数の古典の作品や文章を読み比べ、思想や感情などの共通点や相違点について論述したり発表したりする活動。 ウ 古典を読み、その語彙や表現の技法などを参考にして、和歌や俳句、漢詩を創作したり、体験したことや感じたことを文語で書いたりする活動。 エ 古典の作品を読み、その内容の解釈を踏まえて朗読する活動。 オ 古典の作品に関連する事柄について様々な資料を調べ、その成果を発表したり報告書などにまとめたりする活動。 カ 古典の言葉を現代の言葉と比較し、その変遷について社会的背景と関連付けながら、古典文などから現代文などを読み、古典などに対する自分の考えをまとめる活動。 キ 往来物や漢文の名句・名言などを読み、社会生活に役立つ知識の文例を集め、それらの現代における意義や価値などについて随筆などにまとめる活動。

11 小学校、中学校、高等学校及び特別支援学校等における児童生徒の学習評価及び指導要録の改善等について（通知）（平成31年3月29日）＜抜粋＞

1. 学習評価についての基本的な考え方

（1）カリキュラム・マネジメントの一環としての指導と評価

「学習指導」と「学習評価」は学校の教育活動の根幹であり、教育課程に基づいて組織的かつ計画的に教育活動の質の向上を図る「カリキュラム・マネジメント」の中核的な役割を担っていること。

（2）主体的・対話的で深い学びの視点からの授業改善と評価

指導と評価の一体化の観点から、新学習指導要領で重視している「主体的・対話的で深い学び」の視点からの授業改善を通して各教科等における資質・能力を確実に育成する上で、学習評価は重要な役割を担っていること。

（3）学習評価について指摘されている課題

学習評価の現状としては、（1）及び（2）で述べたような教育課程の改善や授業改善の一連の過程に学習評価を適切に位置付けた学校運営の取組がなされる一方で、例えば、学校や教師の状況によっては、

- 学期末や学年末などの事後での評価に終始してしまうことが多く、評価の結果が児童生徒の具体的な学習改善につながっていない、
- 現行の「関心・意欲・態度」の観点について、挙手の回数や毎時間ノートをとっているかなど、性格や行動面の傾向が一時的に表出された場面を捉える評価であるような誤解が払拭しきれていない、
- 教師によって評価の方針が異なり、学習改善につなげにくい、
- 教師が評価のための「記録」に労力を割かれて、指導に注力できない、
- 相当な労力をかけて記述した指導要録が、次の学年や学校段階において十分に活用されていない、

といった課題が指摘されていること。

（4）学習評価の改善の基本的な方向性

（3）で述べた課題に応えるとともに、学校における働き方改革が喫緊の課題となっていることも踏まえ、次の基本的な考え方に立って、学習評価を真に意味のあるものとすることが重要であること。

【1】児童生徒の学習改善につながるものにしていくこと

【2】　教師の指導改善につながるものにしていくこと

【3】　これまで慣行として行われてきたことでも、必要性・妥当性が認められないものは見直していくこと

　これに基づく主な改善点は次項以降に示すところによること。

2．学習評価の主な改善点について

（1）　各教科等の目標及び内容を「知識及び技能」、「思考力、判断力、表現力等」、「学びに向かう力、人間性等」の資質・能力の三つの柱で再整理した新学習指導要領の下での指導と評価の一体化を推進する観点から、観点別学習状況の評価の観点についても、これらの資質・能力に関わる「知識・技能」、「思考・判断・表現」、「主体的に学習に取り組む態度」の3観点に整理して示し、設置者において、これに基づく適切な観点を設定することとしたこと。その際、「学びに向かう力、人間性等」については、「主体的に学習に取り組む態度」として観点別学習状況の評価を通じて見取ることができる部分と観点別学習状況の評価にはなじまず、個人内評価等を通じて見取る部分があることに留意する必要があることを明確にしたこと。

（2）　「主体的に学習に取り組む態度」については、各教科等の観点の趣旨に照らし、知識及び技能を獲得したり、思考力、判断力、表現力等を身に付けたりすることに向けた粘り強い取組の中で、自らの学習を調整しようとしているかどうかを含めて評価することとしたこと（各教科等の観点の趣旨は、本通知の別紙4及び別紙5に示している）。

（3）　学習評価の結果の活用に際しては、各教科等の児童生徒の学習状況を観点別に捉え、各教科等における学習状況を分析的に把握することが可能な観点別学習状況の評価と、各教科等の児童生徒の学習状況を総括的に捉え、教育課程全体における各教科等の学習状況を把握することが可能な評定の双方の特長を踏まえつつ、その後の指導の改善等を図ることが重要であることを明確にしたこと。

（4）　特に高等学校及び特別支援学校（視覚障害、聴覚障害、肢体不自由又は病弱）高等部における各教科・科目の評価について、学習状況を分析的に捉える観点別学習状況の評価と、これらを総括的に捉える評定の両方について、学習指導要領に示す各教科・科目の目標に基づき学校が地域や生徒の実態に即して定めた当該教科・科目の目標や内容に照らし、その実現状況を評価する、目標に準拠した評価として実施することを明確にしたこと。

4．学習評価の円滑な実施に向けた取組について

（1）　各学校においては、教師の勤務負担軽減を図りながら学習評価の妥当性や信頼性が高められるよう、学校全体としての組織的かつ計画的な取組を行うことが重要である

こと。具体的には、例えば以下の取組が考えられること。

- 評価規準や評価方法を事前に教師同士で検討し明確化することや評価に関する実践事例を蓄積し共有すること。
- 評価結果の検討等を通じて評価に関する教師の力量の向上を図ること。
- 教務主任や研究主任を中心として学年会や教科等部会等の校内組織を活用すること。

（2）　学習評価については、日々の授業の中で児童生徒の学習状況を適宜把握して指導の改善に生かすことに重点を置くことが重要であること。したがって観点別学習状況の評価の記録に用いる評価については、毎回の授業ではなく原則として単元や題材など内容や時間のまとまりごとに、それぞれの実現状況を把握できる段階で行うなど、その場面を精選することが重要であること。

（3）　観点別学習状況の評価になじまず個人内評価の対象となるものについては、児童生徒が学習したことの意義や価値を実感できるよう、日々の教育活動等の中で児童生徒に伝えることが重要であること。特に「学びに向かう力、人間性等」のうち「感性や思いやり」など児童生徒一人一人のよい点や可能性、進歩の状況などを積極的に評価し児童生徒に伝えることが重要であること。

（4）　言語能力、情報活用能力や問題発見・解決能力など教科等横断的な視点で育成を目指すこととされた資質・能力は、各教科等における「知識・技能」、「思考・判断・表現」、「主体的に学習に取り組む態度」の評価に反映することとし、各教科等の学習の文脈の中で、これらの資質・能力が横断的に育成・発揮されることが重要であること。

（5）　学習評価の方針を事前に児童生徒と共有する場面を必要に応じて設けることは、学習評価の妥当性や信頼性を高めるとともに、児童生徒自身に学習の見通しをもたせる上で重要であること。その際、児童生徒の発達の段階等を踏まえ、適切な工夫が求められること。

（6）　全国学力・学習状況調査や高校生のための学びの基礎診断の認定を受けた測定ツールなどの外部試験や検定等の結果は、児童生徒の学習状況を把握するために用いることで、教師が自らの評価を補完したり、必要に応じて修正したりしていく上で重要であること。

　このような外部試験や検定等の結果の利用に際しては、それらが学習指導要領に示す目標に準拠したものでない場合や、学習指導要領に示す各教科の内容を網羅的に扱うものではない場合があることから、これらの結果は教師が行う学習評価の補完材料であることに十分留意が必要であること。

おわりに

　アジア太平洋戦争敗戦後の日本は、昭和の高度経済成長の中で確立した教育制度を変えることなく、今日に至っているのではないでしょうか。

　私たちの身の回りにある日常生活上の道具も、大きく変わっています。例えば、昭和初期から普及してきた黒電話は、昭和30年代には、一家に一台ありましたが、今日、それは、一人に一台のスマートフォンに変わってきてしまっています。公衆電話もほとんど無くなってきています。この変化は、いつからなのでしょうか。私たちが意識しないうちにさまざまな身の回りが、時代と共に、変化しているのです。

　時代の変化の中で、学校教育で育成すべき資質・能力も変わってきています。教育は、未来を創ることに機能します。未来に必要な資質・能力を、未来に生きる生徒に育成することが求められます。

　学校教育は、時代の中で、時代に合わせて学力（資質・能力）の育成を図ってきているでしょうか。敗戦後に新制高等学校が発足してから、既に70年以上経過しています。高等学校の進学率も、文部科学省「令和元年度学校基本調査」によれば、98.8％となっています。このような状況の中で、これまでの高等学校教育と同じ事を繰り返していて良いのでしょうか。時代は、着実に変わってきています。

　戦後の日本の学校教育について、文部科学省は、令和3年答申で以下のように指摘をしています（p.8）。

　我が国の経済発展を支えるために、「みんなと同じことができる」「言われたことを言われたとおりにできる」上質で均質な労働者の育成が高度経済成長期までの社会の要請として学校教育に求められてきた中で「正解（知識）の暗記」の比重が大きくなり、「自ら課題を見つけ、それを解決する力」を育成するため、他者と協働し、自ら考え抜く学びが十分なされていないのではないかという指摘もある。

　今日、高等学校教育を、大きく転換しなければ、これからの日本の未来はない、とも言えましょう。

　次代に求める資質・能力は、以下の5つが重要となります。

　　○　既有の知識・技能を基に、新たな価値を創造する。
　　○　個を尊重しつつも、他とのコミュニケーションを図る。
　　○　自己相対化を図り、自己認識を通した自己修正を図る。
　　○　歴史認識を通して、未来への展望を計る。
　　○　共生社会に向けて、主体として取り組む。

平成30（2018）年告示の高等学校学習指導要領においても、コンテンツ・ベースの

資質・能力の育成を図りつつ、コンピテンシー・ベースの資質・能力の育成を図ることを求めています。

　日本の戦後教育に培ってきたコンテンツ・ベースの資質・能力としての認知領域だけでなく、コンピテンシー・ベースの非認知領域の資質・能力の重要性が、今日的な資質・能力として求められているのです。

　小・中学校においては、GIGA スクール構想の下、一人一台のタブレット端末が配布されました。これまでも文化・文明の進化ではツールによる変化が起きています。毛筆が鉛筆に変わったように時代の進歩によるツールを使いこなせるようになることも必要ですが、人間としての普遍的な資質・能力の育成を図ることは、ツールを使いこなせることよりも、重要ではないでしょうか。

　学校教育における育成すべき資質・能力もまた、時代状況の中で変わり続けているのです。

　明治期に始まった国語の授業も、時代状況の中で変化しなければ、未来につながることはできないと考えます。

　言語の機能は、普遍的であり、人と人とのコミュニケーションを図ることが求められます。言語そのものは、時代によって変化します。例えば、言葉遣いやら抜き言葉、「〜させていただきます。」のような敬語の用法等、時代の中で、その用法は変わってきています。しかし、学校で国語を学ぶことの意味と意義は、これまでと同様に重要だと考えます。これからの時代が求める国語の授業は、次の4つの機能を果たすことが求められると考えます。

1. 言語の意味と意義とを理解し、言語としての文化の伝承と継承とを図る。
2. 言語を通して、既有の知識を基に、新たな価値の創造を図る。
3. 言語を用いてコミュニケーションを図ることを通し、共生を図る。
4. 自己相対化を図るための他者理解を言語によって図る。

　時代状況が変化する中で、高等学校教育の内容も変化することが求められます。それは、生徒の未来を創るためでもあります。

　本書では、令和4（2022）年度から学年進行で変わる高等学校の国語の授業づくりの具体と方法とを提案しました。大きく変わる高等学校国語の授業づくりの参考になれば、と考えております。これまでの高等学校における国語の授業の在り方を肯定しつつ、時代状況の変化の中で、これからの時代が求める国語の資質・能力の育成を図ることが、生徒一人一人の未来を創ることにつながると考えます。

　最後になりましたが、本書を創るにあたり、株式会社三省堂の五十嵐伸さまには、大変お世話になりました。これまでの長年にわたるご厚誼に厚く御礼申し上げます。

髙木　展郎 （たかぎ　のぶお）

1950年横浜生まれ。公立中学校、高等学校教諭、筑波大学附属駒場中・高等学校教諭、福井大学、静岡大学を経て、横浜国立大学教授。2016年より、横浜国立大学名誉教授。専門は、教育方法学、国語科教育学。授業研究、学習評価。
学習指導要領（平成29年告示・30年告示）総則協力者。平成11年告示・平成21年告示・平成30年告示高等学校学習指導要領国語協力者。評価規準、評価方法等の工夫改善に関する調査研究協力者。

【主な著書】
髙木展郎著『変わる学力、変える授業。』（三省堂　2015年4月）
大滝一登・髙木展郎編著『新学習指導要領対応　高校の国語授業はこう変わる』（三省堂　2018年8月）
髙木展郎編著『平成30年版 学習指導要領改訂のポイント 高等学校国語』（明治図書　2019年3月）
髙木展郎著『評価が変わる、授業を変える』（三省堂　2019年5月）
北川達夫・髙木展郎著『フィンランド×日本の教育はどこへ向かうのか―明日の教育への道しるべ』（三省堂　2020年4月）

高等学校国語
カリキュラム・マネジメントが機能する学習評価
「観点別学習状況の評価」を進めるために

2021年12月25日　第1刷発行

著　者　髙木展郎
発行者　株式会社 三省堂　代表者 瀧本多加志
印刷者　三省堂印刷株式会社
発行所　株式会社 三省堂
　　　　〒101-8371　東京都千代田区神田三崎町二丁目22番14号
　　　　電話　編集　(03)3230-9411
　　　　　　　営業　(03)3230-9412
　　　　https://www.sanseido.co.jp/